# ECOM BLACK BOOK



von

Samuel Peiffer

ISBN:
9798643862482

Dies ist die erste Auflage.

**Auf 500 Exemplare limitiert.**

*Direkt vom Schreibtisch des Autors, ohne Ghostwriter, Lektor oder sonst Jemandem, der versucht dein Buch unpersönlich zu machen. Dieses Buch ist wie ein echtes Gespräch mit dem Autor - persönlich, direkt und ehrlich.*

*Viel Spaß und Erfolg beim Aufbau deines Ecommerce Business!!!*

# Widmung

Ich widme dieses Buch all denen, die nach der Freiheit streben und sich weigern, den Status quo zu leben. All denen, die versuchen trotz Anstrengungen den rechten Weg gehen, bereit sind sich aus dem Trott des Alltags zu befreien und für das Leben ihrer Träume ins Handeln kommen. Nicht nur des Geldes willen, sondern auch weil sie Erfüllung finden und ihrer lieben Mutter ein Haus kaufen wollen.

All denen die sich täglich weiterbilden, Bücher lesen und vor 6 Uhr morgens aufstehen um an sich selbst, ihrem Business und ihrem Schicksal zu arbeiten, während der Rest der Welt noch in den Federn liegt. Ihr seid es, die die Welt verändern.

Ich widme dieses Buch aber auch mir selbst, weil es mir immer eine Erinnerung sein soll, wo ich herkomme und was alles möglich ist, wenn man sich 100% auf eine Sache festlegt.

# Inhalt

# Intro

Ich falle gleich mit der Tür ins Haus, denn es gibt aktuell ein riesiges Problem, das fast jeder hat aber kaum einer spricht darüber: Kein Geld, keine Zeit und kein Wachstum.

Viel schlimmer noch, der Status quo hat uns abgestumpft und zu minderen Existenzen gemacht, die nach nichts mehr Streben. Viele haben schon die Hoffnung aufgegeben etwas wirklich außergewöhnliches aus ihrem Leben zu machen. Vielleicht weißt du es noch nicht aber „gut" ist der größte Feind von „extrem geil".

Wir haben nur ein einziges Leben. Es ist viel zu kurz um einfach nur so „durch den Tag zu kommen“, oder? Sollten wir es nicht auf‘s Vollste auskosten und das tun was wir wirklich wollen? Sollten wir nicht die Finanzen haben um komplett frei zu sein? Sollten wir nicht für unseren eigenen Erfolg und unsere Träume arbeiten und nicht für die eines Fremden, den wir kaum kennen (dein Boss) und immer reicher machen? Sollten wir nicht unsere eigenen Geschäfte wachsen lassen und unser ultimatives Ziel erreichen?

Die Welt verändert sich gerade und der Reichtum, der früher nur krassen Investoren, CEOs von Großen Firmen und Millionenerben vorbehalten war, schichtet sich gerade komplett um. Noch nie war es einfacher sechsstellige oder sogar siebenstellige Online Businesses risikofrei in unter 12 Monaten aufzubauen.

All das ist nur möglich, weil Technik und Kommunikation immer günstiger werden. Früher hat man für das überbringen einer Nachricht noch einen Boten gebraucht. Danach war es der Briefträger. Heute ist es die E Mail oder sogar der Messenger Bot. Wir leben in goldenen Zeiten, vielleicht sogar die goldensten die es je gab. Wir sollten diese Chance nutzen, bevor sie vorbei ist. Ich glaube, hättest du vor einigen Jahren in Bitcoin oder Apple Aktien investieren können, als sie gerade gestartet sind, hättest du einen ähnlichen Effekt gehabt.

Ich möchte kein Geheimnis daraus machen. Ecommerce hat mehr Menschen geholfen absolut frei zu werden, als so mancher „boom". Diese neue Möglichkeit kann ein rasantes Wachstum mit sich bringen. Sie kann dir helfen deinen Boss zu feuern, ein Business aufzubauen mit dem du von überall aus der Welt arbeiten kannst und das mit wem du willst. Also genau dann, wenn du nur zwischen 1.000€-3.500€ im Monat verdienst.

Sie kann dir aber auch dabei helfen dein Geschäft auf das nächste zu Level bringen. Also genau dann, wenn du anfängst größer zu werden und schon mehr 5-10k im Monat machst und endlich deine 6-stelligen Umsätze im Monat haben willst, die es dir erlaubt „bei den Großen" mitzuspielen.

Egal ob du ein blutiger Anfänger bist oder ein eingefahrener Veteran, mit Ecommerce hast du eine Möglichkeit, die seines gleichen sucht. Auch ich bin diesen Weg erfolgreich gegangen und bin wahrscheinlich sogar mit noch weniger und in einer schlechteren Kondition gestartet als die meisten...

# Gibt Es Einen “Online Business” Geheimbund?

Als ich vor einigen Jahren meine „online Business“ Reise begonnen habe, konnte ich mir noch absolut nichts unter einem Online Business vorstellen. Schon gar nicht, was damit alles möglich ist. Man konnte mich mit solchen Ideen jagen.. naja, zu dem Zeitpunkt hatte ich noch ganz andere Vorstellungen und Ansichten vom Leben.

Dieses ganze „online Geld verdienen“ war für mich immer nur ein einziger Betrug von Casinos oder irgendwelchen Trading Gurus, die wollten, Dass Ich mein Geld an der Börse verzocke, nur damit sie ihre Provisionen bekommen. Das ist doch irgendwie genau das Gegenteil von dem was ich erreichen wollte oder?

Es gab sie aber auch.. meine Helden im Online Marketing. Viel mehr waren diese (zumindest nach außen hin) sehr seriös und bei ihnen hat scheinbar alles richtig gut funktioniert. Bei mir war das nur leider nicht so. Diese Leute haben meine Neugier geweckt und ich habe versucht, alles was es an kostenlosem Material gibt mir anzueignen um ihnen nachzumachen.

Ein Paar tausend Euro weniger und mit nur noch 27€ auf dem Konto, sitzend auf dem Sofa des Großvaters meiner

Freundin (aktuell Frau), finde ich mich wieder am Tiefpunkt meines Lebens.

Wie kann es sein, dass es bei allen anderen klappt, nur bei mir nicht? Es kam mir vor, als gäbe es eine Art geheimen Bund, in dem alle Leute drinne sind, die so richtig krassen Erfolg online haben und ich wollte doch nur einer von ihnen sein.

In diesem Moment fragte ich mich, was die reichsten Menschen dieser Welt tun. Zu dem damaligen Zeitpunkt war dies Jeff Bezos (der Gründer von Amazon). Dieser Typ verdient so viel Schotter, dass es online sogar einen Zähler gibt, der sein wachsendes Einkommen im 5-stelligen Bereich PRO SEKUNDE aufzeigt. Wenn du ein armer Schlucker bist, so wie ich es damals war, kommen dir deine 30.000€ Pro Jahr ziemlich dumm vor oder? Aber nicht mal die hatte ich...

Jeff Bezos hat eine Sache getan: Ecommerce.

Von da an ging mir ein Lichtlein auf und ich versuchte ihm nachzueifern. Ich baute mir also eingebe Online Shops auf, mit denen ich Produkte über das Internet verkaufen wollte. Mein Plan war aber von vornherein zum Scheitern verurteilt, denn ich brauchte erstmal viel Geld für ein eigenes Produkt - was ich nicht hatte. Meine 27€ haben leider nicht gereicht um mal eben die Mindestbestellmenge auf Alibaba für ein eigenes Produkt zu bestellen.

Das war der Moment an dem ich eine Methode gelernt habe, mit der man ohne ein eigenes Produkt einen online Shop hochziehen konnte und das an nur einem Wochenende. Als ich das gelernt habe, hat sich alles verändert.

Ich habe erste Resultate gesehen, die über die Jahre zu 7-stelligen Ecommerce Geschäften gewachsen sind. Mein Leben veränderte sich erst langsam, dann etwas zügiger. Es war kein „über Nacht"-Erfolg, den einige meiner Schüler aktuell haben, sondern ein langsam wachsender Prozess.

Für mich war allerdings viel wichtiger, Dass Ich runter komme, vom Sofa des Großvaters meiner Freundin. Ich konnte beginnen mein Leben nach meinen Vorstellungen zu leben. Freiheit genießen oder mal so richtig hardcore an der Playstation ein Paar Tage verbringen, ohne mich um mein Gehaltsscheck zu sorgen.

Ich glaube, ich habe es den Leuten in diesem „Geheimbund" nachmachen können und bin jetzt inoffiziell einer von ihnen geworden - die Leute, die da sind, wo ich hin wollte. Das habe ich alles Ecommerce, also dem Verkauf von physischen Produkten über das Internet, zu verdanken.

Ich habe jetzt nicht nur ein klares Bild vor Augen, was eigentlich ein Online Business ist, sondern ich weiß jetzt auch die genauen Schritte um richtig Geld zu verdienen ohne auf die ganzen Casino und Trader aus dem Internet zu hören. Online Marketing ist kein Betrug! Man muss nur anfangen auf bewährte Strategien zu setzen, bei denen man nicht „lotto spielt“.

Wenn du auch ein eigenes Online Business aufbauen willst oder einfach nur auf richtig fettes Wachstum in deinem bestehenden Geschäft aus bist, solltest du dieses Buch unbedingt bis zum Ende lesen, denn ich gestehe hier alles, was in meiner Laufbahn so richtig gut funktioniert hat, so dass du es simpel nachmachen kannst.

Was dich in diesem Buch erwartet, wird dich im wahrsten Sinne des Wortes umhauen! Du lernst in diesem Buch meine 5 Geständnisse, Schritte & Geheimnisse, die ich auf dem Weg zum Ecommerce Imperium gelernt und perfektioniert habe. Diese Schritte ermöglichen dir ab sofort den selben weg zu gehen. Du wirst danach glas klar verstehen, wie du eine Power Nische kreierst, wie du deine 1000 Wahren Fans aufbaust, die dir ans Ende der Welt folgen, du deine eigene Marke (Brand) aufbaust und dabei deine eigene Geschichte findest und ein attraktiver Charakter für deine Fans wirst. Außerdem wirst du lernen, wie du Besucher deiner Website zu kunden machen kannst ohne Geld für Werbung auszugeben und trotzdem stark zu wachsen. Und du wirst in der Lage sein, aus einfachen Produkten ganze Angebote zu machen, die den Kunden in deinen Bann ziehen, so dass sie nicht bei der Konkurrenz kaufen, sondern bei dir - immer und immer wieder.

Ich hab noch so viel mehr für dich, wenn ich dir das aber alles jetzt hier aufliste, wären wir beide noch morgen hier.. deshalb lies einfach weiter und fühle den Mehrwert den du hier in deinen Händen hältst.

## Warum Teile Ich Das Überhaupt Mit Dir?

Es gibt Ein Paar gründe… zum einen egoistische, weil ich einfach cool sein will und möchte dass du dich magst. Ich möchte dich auch in meiner 18.000€ pro Jahr Mastermind Coaching Gruppe begrüßen können, wenn du mit den Resultaten dieses Buchs dein Business in den jährlichen 6-stelligen Bereich gepusht hast, damit auch ich mich an dir weiterbilden kann.

Aber es gibt auch gründe, die mich an der Coaching

Industrie einfach total nerven. Es sind die „gurus“ und die die es gerne wären, die schlechten content oder sogar Ratschläge raushauen, die gefährlich sein können.

Ich will dass diese schwarzen Schafe entweder aus dem Business aussteigen, oder ihre Qualität anpassen. Dieses Buch soll die Messlatte höher legen, damit du besseren Content von allen bekommst. Nicht nur von mir.

Ich kann es kaum mehr mit ansehen, wenn Leuten empfohlen wird, die nichtmal 1000€ am Ende vom Monat übrig haben können und ihnen ein Business auf Amazon FBA Grundlage empfohlen wird. Von Geldvermehrungsmöglichkeiten durch investments wie Krypto, Aktien etc oder Network Marketing möchte ich gar nicht erst anfangen.

Dieses Buch wird neue Industrie Standards setzen und dir dabei helfen die richtigen Entscheidungen in deinem Business zu treffen. Du wirst sofort erkennen, wenn jemand aus der Reihe tanzt, keine Ahnung von der Materie hat und dir trotzdem „wertvolle Ratschläge“ geben will.

Meine Empfehlung an der stelle ist, dass du dir immer nur eine Person aussuchst und von dieser lernst. Viele Strategien funktionieren aber eine Vielzahl von „Mentoren“ machen auch das beste Konzept kaputt, weil es überanalysiert wird und die Ansichten zu bestimmten

Methoden so unterschiedlich sein können wie die Frauen, mit denen Barney aus how I met your mother schläft.

Da du dieses buch gewählt hast, nehme ich an, dass wir ab sofort viel zeit miteinander verbringen. Das freut mich natürlich sehr :)

## Der Aktuelle Zustand

Momentan sind Online Shops nicht nur zum einkaufen da. Schnelles Prime Shipping von Amazon, wenn man mal eben Katzenfutter braucht oder sogar schon im Supermarkt online bestellen kann. Es wird immer einfacher für uns, das was wir brauchen aus dem Internet zu bestellen. Es ist auch viel sicherer als früher und jetzt das beste.. wir müssen keine schweren Tüten schleppen!

Viele denken immer noch, dass diese Online Shops in denen wir einkaufen, wirklich nur zum einkaufen sind. Tatsächlich ist es aber so, dass online Shops unschätzbare Reichtümer für ihre Besitzer erzeugen. Erinnerst du dich an das Beispiel das ich eben von Jeff Bezos gebracht habe? Er verdient mehr in 10 Minuten als die meisten deutschen in nur einem Jahr!

Viele denken aber auch, dass es für sie nicht möglich ist, sowas aufzubauen. Ein Onlinehandel, der sie und ihre

Familie versorgen kann (und auch reich machen kann), weil sie ja keine Technik Experten sind und keine Ahnung haben, wie man eine einfache Website aufsetzen kann.

Heute habe ich wirklich gute Nachrichten für dich, denn es ist für dich möglich geworden mit dem Kauf dieses Buchs: Ich verspreche dir, dass du nach dem Buch deinen eigenen Online Shop in weniger als 24 Stunden nicht nur aufgebaut hast, sondern dass dieser auch verkaufen kann!

Das gute am digitalen Wandel ist, dass es immer einfach wird, höchst komplexe Dinge immer einfacher zu machen. Wie z.B. Den aufbaue eines eigenen Ecommerce Imperiums. Was früher in Monaten von ganzen Teams gemacht wurde, kannst du heute schon mit simpler, günstiger und effektiver software bequem alleine und von zu Hause aus machen. In der Ressourcen Seite dieses Buches mache ich dir gerne Ein Paar Empfehlungen zu den Werkzeugen die ich hier nutze, mit Website link natürlich, damit du nicht Jahre auf google suchen musst.

Ich habe aber auch Ein Paar schlechte nachrichten… das was du hier in diesem Buch liest, ist so neu und hat so ein extremes Potenzial, dass es für die meisten Menschen nicht begreifbar ist. Wenn du in die Kirche gehst, wirst du sicher schon öfter gehört haben, dass es nicht möglich ist für uns Menschen „Gott“ oder „Allah“ (füg hier deinen religiösen Superheld ein) zu sehen, weil wir die Größe von ihm nicht begreifen könnten und seine Wege unergründlich für uns Menschen ist. Nicht Dass Ich besonders religiös bin aber ich verstehe, dass große Dinge für kleine Geister immer verschlossen bleiben.

Genau so ist es mit der Möglichkeit dein eigenes Ecommerce Imperium aufzubauen. Die Geister der meisten Menschen, denen du davon erzählst werden viel zu klein sein, als dass sie dich unterstützen. Hoffe also nicht auf Hilfe von deiner Familie oder denen die dir nahe stehen. Diese werden später kommen, sobald sie deine Resultate sehen und fragen ob sie einen Job bei dir bekommen können. Glaub mir, das ist mir schon häufig passiert. Leute, die anfangs an dir gezweifelt haben, werden z.B. danach bettel, dass sie für dich den Support für deine Kunden machen können.

Das heißt für dich, dass du auf jeden fall an deinem eigenen mentalen Wachstum arbeiten solltest, damit dein Geist bereit ist, für das wissen, das ich dir hier im Buch vermittle. Aber keine Sorge, das gehen wir gleich an. Es gibt immer Ein Paar kleine Fundamentale Dinge, die du einfach verstehen musst, bevor es so richtig losgehen kann.

Ich kann ja auch nicht einfach ein Haus auf sand bauen oder eine schwere Gelddruckmaschine auf wackelpudding setzen und erwarten, dass du ohne eine Bedienungsanleitung damit 500er scheine drücken kannst oder?

Jetzt da du weißt, was die schlechten nachrichten sind und wie du sie hinter dir lassen kannst, was hält dich noch auf, dein Schicksal selbst zu bestimmen?

## Wer Gewinnt Und Wer Verliert?

Ich möchte dir eine kurze Geschichte aus meinem lieblings Cartoon erzählen. Kennst du vielleicht South Park? Ja, genau die Sendung mit den ganzen Schimpfwörtern und dem schwarzen Humor... (oh ja, ich steh auf schwarzen Humor).

In der Serie geht es um ein paar Viertklässler, die den normalen Abenteueralltag erleben und sich immer wieder in neuen Schwierigkeiten befinden.

Es gibt viele verschiedene Charakter aber zwei finde ich besonders interessant. Das wären einmal Wendy, die „Kriegerin“ die alles selbst in die Hand nimmt und immer daran glaubt, dass sie die Dinge schafft, die ihr wichtig sind. Sie ist super erfolgreich und alle wollen gern Ihre Freunde sein.

Dann gibt es noch den unentschlossenen Zweifler Butters. Er ist ein kleiner unschuldiger Junge, der keine

Ahnung von nichts hat. Wenn er etwas neues sieht, dass ihm spaß machen könnte oder ihn weiterbringen könnte ist er skeptisch. Er hinterfragt alles so lange, bis die chance vorbei ist und er wieder bei null starten muss. Er ist der Außenseiter der Serie und keiner will mit ihm befreundet sein, weil er einfach nur langweilig ist und nichts auf die Reihe bekommt.

Meine Frage an dich: wer willst du sein? Butters oder Wendy? Willst du lieber bei den großen mitspielen oder willst du zu den Zweiflern gehören, die die wahrscheinlich größte Chance in diesem Jahrhundert verpassen? Willst du einer sein, der den Start von Apple an der Börse mitbekommen hat und bis heute keine einzige Aktie investiert hat? Willst du jemand sein, der den Start von Bitcoin mitbekommen hat, als ein einziger Coin nur Ein Paar cent wert war und jetzt mehrere Tausend wert ist?

Willst du wirklich so eine unbezahlbare Chance an dir vorbeigehen lassen?

Wenn du mich fragst verlieren heute alle Zweifler und die Leute, die langsam Entscheidungen treffen. Tony Robbins, der größte Persönlichkeits Coach der Welt sagt es so: „Wer oft und schnell Entscheidungen Trifft gewinnt" (So hab ich das zumindest in Erinnerung. Der Wortlaut könnte etwas abweichen).

Wenn du auf der Gewinnerseite stehen willst, mach es

wie Wendy aus Southpark und pack die Gelegenheiten bei den Hörnern. Sei kein Zweifler sondern ein Krieger - ein Macher. Nur so kannst du wirklich gewinnen und ultimativ viel Geld online mit deinem Ecommerce Business verdienen.

## Wie Ich Das Alles Herausgefunden Habe

Auf meiner Reise zum Ecommerce Mogul haben sich natürlich auch einige Steine in den Weg gelegt, die ich nach und nach aus dem Weg räumen musste. Das hat einfach mit den Dingen an sich zu tun. Bist du am Wachsen, bekommst du auch immer wieder neue Probleme, an denen du wachsen kannst. Wer sagt, dass er je ohne ein Problem gewachsen ist, lügt entweder oder hatte verdammtes Glück.

Das größte Problem in meinen bisher gegründeten Geschäften, war immer das Produkt an sich. Es war meist einfach von minderer Qualität. Bevor ich mit Ecommerce begonnen hatte, habe ich versucht EBooks zu verkaufen, für die ich eine Lizenz erworben hatte oder habe Leute bezahlt, die Blogtexte für mich schreiben und habe diese dann zu Ebooks zusammengefügt, so Dass Ich sie für einen zwanziger online verkaufen konnte.

Das waren Produkte, die niemand brauchte und die die Welt nicht verbesserten. Auch in meinen Ersten

Ecommerce Shops war das genauso.. ich hatte kein richtiges Produkt, weil ich weniger als 1.000€ Startkapital hatte (So ziemlich jeder über 22 hat mehr als das, wie ich im Nachhinein festgestellt habe). Ich hatte sogar so wenig, Dass Ich mir die Hosting Gebühren für meinen Shop nur für einen Monat leisten konnte.

Deshalb war ich also gezwungen massive Handlungen durchzuführen und ein „alles oder nichts" Monat zu machen. Mit meinem letzten Geld habe ich mir also einen Shopify account für 23€ im Monat und ein E Mail Marketing Tool für $7 im Monat geholt. Ich habe es nicht als „oh das muss ich bis an den Rest meines Lebens jeden Monat bezahlen" gesehen, sondern viel mehr als 30 tägiger Test, der mir zeigt, Bodys was für mich ist. Ich war einverstanden mit meiner Idee.

Damit ich nicht schon wieder ein miserables oder überhaupt kein Produkt habe, musst ich kreativ werden, denn wenn du physische Produkte verkaufen willst, brauchst du eigentlich ein Lager. Du musst eigentlich auch in hohen Stückzahlen einkaufen, damit du überhaupt welche geliefert bekommst. Der Zoll von China nach EU gar nicht mal wegzudenken.

An diesem Punkt wollte ich mal wieder aufgeben, bis ich ein Gespräch mit einem Menschen zudem ich aufsehe hatte und er mir vom Dropshipping erzählt hat.

Dropshipping ist eine Fulfillment Methode (engl. für Auslieferung) bei der du einfach ein fremdes Produkt für einen höheren Preis verkaufst. Sobald du die Umsätze hast, gehst du zum eigentlichen Lieferanten, Shop oder Hersteller und kaufst mit dem Geld das du von deinem Kunden bekommen hast das Produkt auf seinen Namen. Den rest macht der Lieferant, andere Shop oder Hersteller. Das heißt, dass du niemals dieses Produkt gesehen haben musst, hast es nicht selber bezahlt und musstest es schon gar nicht importieren oder einlagern. Das hat für mich alles verändert.

Ein Dropshipping Produkt findest du ziemlich simpel, denn es gibt Suchmaschinen die dir dabei helfen die am meisten beobachteten Produkte auf Ebay zu finden. Amazon selber hat eine Bestseller Liste, die für inspiration sorgen kann. Oder du schaust bei den chinesischen Großhändlern selbst, wie viele Verkäufe individuelle Produkte bringen. Schau einfach, dass die Bewertungen etc. stimmen. Auch wenn du Werbeanzeigen siehst, sei es auf Social media, im TV oder auf Plakaten. Achte einfach mal darauf, wie lange eine Anzeige geschaltet wird, denn umso länger das getan wird, desto profitabler ist sie für den Marketer. In der Ressourcenliste werde ich dir natürlich Ein Paar Werkzeuge auflisten, die mir bei der Produktrecherche geholfen haben.

Ich werde in diesem Buch nicht viel weiter über Dropshipping reden, denn es ist wirklich nur die Art der Auslieferung der Produkte. Was viel wichtiger ist, sind die Mindsets die du hast, der Weg auf dem du dich befindest und das liebe zum Marketing deines Produktes und nicht zum Produkt selbst.

Wenn diese erste Hürde beseitigt ist und du dein erstes Dropshipping Produkt gefunden hast, steht dir nichts mehr im Weg, so richtig loszulegen und dein Online Business zu starten. Falls du schon ein Online Business hast aber noch keine physischen Produkte im Sortiment hast, überleg dir wo du sie einbauen könntest um noch viel höhere Umsätze zu erzielen und Ein Paar Verkäufe aus dem Mainstream zu ziehen.

Ich hatte den „über Nacht" Erfolg, den man oft in den Medien hört. Mein Dropshipping Store lief so gut, Dass Ich die Gewinne nehmen konnte und aus meinem Produkt das sich am besten verkauft hat eine Marke machen. Das war das coolste was ich bis dahin gemacht habe und kann ich jedem nur empfehlen.

Es ist viel einfacher als man glaubt, wenn man sich mal ein bisschen damit beschäftigt hat. Prinzipiell ist es sogar so einfach wie 2-3 Emails an den Hersteller deines Dropshipping Produktes zu senden und ihn zu bitten dein Logo auf das aktuelle Produkt zu packen. Das ist alles und hat mir erlaubt meine Preise zu erhöhen, so Dass Ich noch mehr geld machen konnte. Immerhin hatte ich jetzt eine Marke.

Genau das sollte auch dein Ziel sein, wenn du startest. Such dir ein Produkt, das sich verkauft. Mach viele Verkäufe und baue langfristig eine Marke auf.

Irgendwann habe ich mir gedacht, Dass Ich den Menschen etwas zurückgeben muss, weil ich nicht wollte, dass jemand anderes das selbe durchmachen muss wie ich. Ich wollte Menschen helfen, die sind wie ich bzw. Die da herkamen wo ich war. Weil ich wusste wie mies man sich fühlt wenn man ganz unten ist, habe ich begonnen täglich zu Bloggen und mein Wissen über Ecommerce zu teilen.

Nicht nur das, ich habe auch angefangen nützliche Videos auf YouTube zu veröffentlichen und gebe sogar Online Trainings für die man sich kostenlos anmelden kann. Ab und an habe ich sogar Feedback bekommen, während dem ich Live war, dass jemand seinen allerersten Verkauf gemacht hat oder kurz danach angefangen hat erste Umsätze zu erzielen.

Unternehmer die schon etwas weiter waren haben ihre Werbekosten senken und Profite erhöhen können, durch das was ich ihnen dort gezeigt habe.

Was ich damit sagen will ist ziemlich einfach. Es ist bewiesen, dass das was du in diesem Buch lernen wirst auch bei dir funktionieren kann, denn es hat schon bei unzähligen anderen geklappt.

Auf meiner Website habe ich eine ganze Wand voll von Videos in denen (angehende) Unternehmer, genau wie du, bezeugen, wie sich ihre leben nach der Umsetzung meiner Strategien zum positiven entwickelt haben.

Das coolste Resultat hat kein eingefleischter Unternehmer erreicht in meinen Augen, sondern ein 18 jähriger Schüler, der zu mir aufschaut und deshalb gesagt hat, er probiert jetzt auch was im Ecommerce zu machen. Mit 18 habe ich mich noch gefragt wie man Mädels am besten ins Bett bekommt… Er nicht, er dachte mit und hat in seinem ersten Monat mehr verdient als seine Eltern zusammen. Auch er hatte nicht viel Startkapital wie ich damals und konnte aufsteigen auf höhere ebenen. Mittlerweile macht er genau wie ich YouTube Videos und hilft sogar Leuten in seinem Alter eine Alternative zum Hamsterrad Job zu finden, indem sie Ecommerce machen.

Die Frage ist also nicht mehr „ob“ es bei dir funktioniert, sondern „wann“ es bei dir funktioniert. Das Entscheidest alleine du. Was ich weiß ist, Dass Ich das hier nicht für mich mache, denn ich habe bereits diesen Weg beschritten. Ich habe mittlerweile mehrere Unternehmen im Ecommerce, Coaching und sogar webbasierter Software. Wenn ich heute Abend mit meiner Frau Sushi essen möchte, dann kann ich das - jeden tag, so oft ich will. Es geht hier allein um dich und deine Entscheidung. Wenn du möchtest, kannst du genau den selben Weg einschlagen.

## Vergiss Den „Wettlauf Gegen Die Zeit“

„Okay Sam, ich habe genau 6 Wochen Zeit, dann läuft mein Arbeitsvertrag für meinen aktuellen Job aus. Bis dahin muss mein Business also laufen, ich brauche mindestens 2.5k im Monat, damit es klappt, ansonsten bin ich im Arsch.“

**STOP!** Es ist egal ob es genau dieses Szenario ist oder eine Variation davon. **Hör sofort auf so zu denken.**

Ich glaube 60% der Menschen, die dieses Buch lesen haben vor, so einen Wettlauf gegen die Zeit zu starten und ich habe aus meiner Erfahrung als Business Coach nur sehr selten jemanden gesehen, der den Wettlauf gegen die Zeit gewonnen hat.

Es ist nicht die Zeit selber, die hier hochgiftig ist, sondern vielmehr die Emotionen, die du nach so einem Wettlauf haben wirst, wenn es dann doch länger braucht und du auf einmal Existenzängste bekommst. Ich möchte das hier wirklich mal adressieren.

Ich habe einige Leute schon in meinen Coaching Gruppen gehabt, die mit diesem „Wettlauf Gegen Die Zeit“ - Mindset gestartet sind. In den meisten Fällen sind sie wieder zurück ins Hamsterrad gegangen, weil sie nicht gesehen haben, dass sie sich damit selbst im Weg standen. Als Mentor hat mich das immer sehr mitgenommen, denn wenn diese ihr Mindset ändern würden und dem ganzen mehr Zeit geben, dann wäre das auch bei ihnen zu 100% etwas geworden.

Das kritische hier ist immer, dass diese Leute kurz vor dem Ziel aufgeben müssen, weil sie den Wettlauf gegen die Zeit verloren haben. Dabei wären sie nur einen Katzensprung vom Erfolg und damit ultimativem Reichtum, Erfüllung und Freiheit entfernt. Der Erfolg kommt nämlich meistens genau dann, wenn man an dem Punkt ist, wo man es hinschmeissen will. Das ist meist das erste Anzeichen dafür. Solltest du dich mal so fühlen, denk an meine Wort... bricht durch diese Barriere durch!

Damit du so richtig gut schlafen kannst, solltest du außerdem mindestens die Miete für ein halbes bis ein Einhalb Jahre zurücklegen. Das gibt dir Seelenfrieden und es ist ein angemessener Zeitraum um dein Business auf Erfolgskurs zu bringen. Es kann nämlich sein, dass dein Business ein Jahr lang nichts abwirft und dann plötzlich über Nacht so profitabel wie ein Kühlschrankverkäufer in der Wüste wird.

Natürlich ist die Methode aus diesem Buch nichts für Pussies (entschuldige meine Ausdrücke) oder Leute die von vornherein aufgeben, weil etwas „Arbeit“ von Nöten ist. Ich bin gegen Schnell-Reich-Werden Systeme und werde dir hier deshalb keines präsentieren... auch wenn du hier wirklich schnell viel geld machen und zur finanziellen Freiheit in unter einem Jahr kommen kannst.

Damit du überhaupt Erfolg mit deinem Ecom Business haben kannst, muss ich dir ein kleines Geheimnis offenlegen:

## Perfektionismus Ist Für’n Arsch

Stell dir vor, du gehst in deine liebste Eisdiele und hast folgende Wahl. Du darfst aber nur eine Kugel haben, weil sie einen Euro kostet und du nur diesen hast. Es gibt Kokos, Schoko, Vanille, Erdbeer, Schlumpf, Kinder Bueno, Pistazie, Mango, Melone, Nuss, Himbeer, Kiwi, etc.

Also so richtig schön groß diese Auswahl oder? Für jeden etwas dabei.. aber was nimmst du? Hättest du auch Schwierigkeiten oder Probleme, weil du dich zwischen zwei oder mehr Kugeln nicht entscheiden könntest?

Völlig egal welche Wahl du triffst, es war anstrengender und du wirst vermutlich nicht so zufrieden sein, als hätte der Laden nur Schoko, Vanille und Erdbeer oder? Hier wäre es viel leichter zu entscheiden und du könntest dein Eis schneller essen.

Dieses Phänomen nenne ich **“Analyse Paralyse”**. Sie hält dich vom Erfolg in allen Lebenslagen ab.

Wenn du dir ein Auto kaufen möchtest und von Anfang an einen Ford im Sinn hast, weil das ein super Familienwagen ist, du aber noch wochenlang recherchierst, ob es nicht doch etwas besseres gibt. Du analysierst die Möglichkeiten, die du z.B. Bei einem Mercedes hättest und checkst auch die anderen Firmen, nur um nach 8 Wochen Zeitverschwendung doch wieder beim Ford zu stehen, weil er am geräumigsten war.

Wenn du mit deiner Frau, Verlobten oder Freundin (oder gleich mit allen drei gleichzeitig) in den Urlaub gehen möchtest, ihr aber nicht entscheiden könnt, wo es hingeht, weil ihr den besten Deal machen und am schönsten Strand liegen wollt. Am Ende bleibt ihr in Balkonien.

Im Business sind das meist die Leute, die sehr perfektionistisch sind und immer die richtige Entscheidung treffen wollen. Ich kenne viele Menschen die sehr erfolgreich sein könnten, würden sie nur schnelle

Entscheidungen treffen anstatt Dinge tot zu denken.

Vor Ein Paar Jahren hatte ich einen Klienten, den ich 1 zu 1 gecoacht habe, weil er sein Business von 4-stelligen auf 5-stellige Monatsumsätze bringen wollte. Das war aber fast unmöglich, denn er hat diese eine Sache immer wieder gemacht.

Er wollte immer die besten Produkte für sein Business anbieten und hat zig tausende Ideen gehabt. Hat mir immer wieder tolle Waren gezeigt, die ein echtes Problem lösen könnten und die ich auch wirklich cool fand. Manchmal habe ich mich sogar gefragt, woher er diese Produkte immer hat..

Als ich ihn gefragt habe, wie viele er davon schon verkauft hat, hat er mich dumm angesehen, weil er keines verkauft hat. Er war noch in der „Recherche-Phase". Ein anderes Wort für ich habe die Analyse Paralyse und habe Angst Entscheidungen zu treffen.

Tony Robbins hat ein ziemlich cooles Konzept das du hier anwenden kannst, wenn du dich hier wiedererkennst. Es heißt Fast-Decision-Making. Also schnelle Entscheidungen treffen, egal ob sie falsch sind oder richtig, Hauptsache du hast sie getroffen. Je schneller du Entscheidungen triffst, desto schneller bist du im Leben. Desto mehr erfolg wirst du haben. Denk mal drüber nach..

Eine Entscheidung ist immer ein Schritt in eine Richtung. Ein Weg kann immer korrigiert werden und genau deshalb gibt es eigentlich keine schlechten Entscheidungen. Korrigiere ihn einfach auf dem Weg wieder. Anstatt nach Erlaubnis zu fragen, mach es einfach und entschuldige dich später.

Das erspart dir viel Kopfzerbrechen und du kommst doppelt so schnell an dein Ziel mit den dreifachen Resultaten!

Als ich das meinem Coaching Kunden klar gemacht habe, hat er so getan als hätte er es gecheckt, aber das hat er nicht... und er irrte einige Monate weiter im Kreis, während die anderen aus der Coaching Gruppe schon viel weiter waren als er.

Bis er auf einmal selbst an den Punkt war, wo er sich zwischen zwei Dingen Entscheiden musste. Da dachte er zurück an unser Gespräch und befolgte meinen Rat, nicht zurückzublicken und einfach eine Entscheidung zu treffen.

Als er das gemacht hat, veränderte sich nicht nur sein Geschäft, sondern sein ganzes Leben.

Er hat sich nämlich entschlossen, seine selbstsüchtige und untreue Frau endlich zu verlassen, die ihn über Jahre betrogen hatte. Er litt so sehr unter ihr, dass er fast schon eine Art Abhängigkeit entwickelt hat, welche man bei gewaltopfern, Entführern etc. ab und zu beobachten kann.

Er hatte nach Liebe, Geborgenheit und einer gemeinsamen Zukunft gesucht und konnte so nicht klar sehen. Er hat sich immer gefragt, ob er sie verlassen soll oder nicht. Denn wenn er sie verlässt hat er ja keine Frau mehr, mit der er diese Zukunft teilt. Er analysierte so sehr, dass er Jahre lang einfach bei ihr blieb und sich emotional misshandeln lies.

Die schwere Entscheidung hat ihn nicht nur befreit, sein ganzes Leben hat sich verändert. Er hat endlich gecheckt, dass diese Analyse Paralyse in allen Bereichen greifen kann und dass sie wie Gift für unseren Verstand ist.

Ab diesem Zeitpunkt war er auch in der Lage, seine Produkte die er mir immer gezeigt hat, zu verkaufen um zu testen ob sie zu ihm passen, anstatt das beste Produkt allein durch Recherche zu finden.

Wenn du dich in schwierigen Entscheidungen findest oder mal wieder zu viel in deine Analytics schaust, denk immer an meinen Coaching Klienten!

Der Perfektionismus ist abgelegt und die Analyse Paralyse getötet. Die Bahn ist also geebnet, auf der du zum profitablen Business in finanzieller Freiheit fahren kannst. Als nächstes brauchst du nen Turbo um schnell an dein Ziel zu kommen.

## Der Erfolgsmultiplikator: Eiserner Fokus Entscheidet Über Sieg Und Niederlage

Im letzten Kapitel habe ich dir von der Analyse Paralyse erzählt. Der Erfolgsmultiplikator nennt sich Fokus und ist wie der Turbo in deinem Auto. Man könnte ihn auch mit Benzin vergleichen, das man ins Feuer kippt. Wenn du ihn richtig lenkst und einsetzt wirst du den größten Boost erfahren, den du jemals hattest.

Ich möchte dir in diesem Kapitel keine lange Einleitung dazu geben, wie du deinen Fokus auf eine Sache richtest, denn das weißt du schon bereits. Wenn du dazu Ein Paar Hacks haben willst, kann ich dir „The One Thing" von Gary Keller empfehlen. Das ganze Buch dreht sich nur um Fokus. Warum? Weil er das wichtigste ist um in den zweiten dritten und vierten Gang zu schalten.

Tony Robbins sagt immer „where Focus goes, energy flows". Also da wo dein Fokus hingeht, dort fließt Energie. So ist es vor allem im Business. Meine Empfehlung ist es also dich für ein Business Modell und nur einen Mentor für mindestens die nächsten 18 Monate zu entscheiden. Ich sag dir jetzt auch warum.

Wenn du wieder im selben Eisladen wie im letzten Kapitel stehst… ja der mit den vielen Sorten. Möchtest du mal alle ausprobieren? Wie viele Kugeln kannst du denn Essen? Schaffst du wirklich 15-20 Kugeln zu genießen? Schaffst du mehr von denen zu essen, die dir gut schmecken, wenn du noch andere essen musst, die dir weniger gut oder wie Arschwasser schmecken? (Das ist übrigens ein hochgradig technischer Ausdruck für „schlecht", „ekelhaft" oder „beschissen") Nein, das ist leider nicht möglich.

Wenn du aber hingegen aufgezeigt bekommst, welches die besten Sorten sind und du dir von deiner Lieblingssorte kugeln auswählen kannst, schaffst du locker mehrere. Die Schale mit dem Eis wird auch schneller leer..

Was ich hier sagen will ist, wenn du deine Aufmerksamkeit auf 10 verschiedene Dinge streust, wirst du in allen nur auf Anfänger Niveau agieren.

Wenn du dich nur auf Ecommerce konzentrierst, hast du von Anfang an eine Möglichkeit für unendliches Wachstum und musst deine Zeit nicht damit verschwenden andere Dinge zu lernen, sondern kannst volle Aufmerksamkeit auf dein Wachstum mit diesem Business Modell richten. Hier wirst du dann 10 mal schneller wachsen, weil du 10 mal weniger Ablenkung hast.

Genauso sieht es auch mit der Wahl deines Mentors aus. Zu viele Köche verderben den Brei. Meine Empfehlung ist wie gesagt 18 Monate denselben Mentor zu konsultieren. Für jeden Lebensbereich einen anderen ist ok, wie z.B. einen anderen Mentor für deine Fitness als für dein Business. Das macht absolut Sinn oder?

Jetzt ist nicht nur der Weg geebnet, sondern du hast auch einen Turbo in deinen Wagen eingebaut. Der Wagen ist dein Ecom Business und der Fokus dein Turbo. Jetzt brauchen wir nur noch den besten Treibstoff den wir finden können. Deshalb möchte ich dir eine kleine Geschichte von Pablo Escobar dem Drogenbaron erzählen, denn dieser war nicht nur Herr der Narcos sondern auch Weltklasse darin, Menschen ins Handeln zu bringen (ja, richtig gelesen du kannst ethisch korrekt den Pablo rauslassen).

## Plata O Plomo - „Hey, Ich Bin's: Pablo Escobar!"

In den 80er und 90ern trieb Pablo Escobar der größte Kokain Schieber der Welt sein Unwesen und hatte eine Philosophie um das zu bekommen was er wollte. Er nannte sie „plata o plomo" was so viel bedeutet wie „Geld oder Blei".

Seine Politik ist ziemlich einfach und sie hat prima funktioniert. Er bekam immer was er wollte. Hat immer gewonnen und die Leute die für ihn arbeiteten haben ungeahnte Fähigkeiten freisetzen können. Ist auch völlig klar. Stell dir vor Pablo kommt zu dir, sagt:

*„hey ich bins Pablo Escobar und heute ist dein Glückstag. Ich mache dich zum reichsten Mann deiner Stadt, wenn du X für mich machst. Wenn du es nicht machst oder nicht schaffst, dann muss dir mein Schläger leider eine Kugel in den Kopf jagen. Hier ist ein Sack voll Geld (Plata) als Anzahlung und wenn ich wiederkomme ist der Job erledigt. Falls nicht tausche ich den Sack gegen eine Kugel. Du hast 7 Tage Zeit.“*

Siehst du wie viel Kraft dieses Prinzip hat? Ich versuche mein Gehirn auszutricksen und künstlich in einen “Plata O Plomo”-Zustand zu bringen. Es passieren magische Dinge, wenn plata o plomo angewandt wird und das kann auch bei dir passieren, wenn du es selbst anwendest. Jag dir nur bitte keine echte Kugel in den Kopf!

Überleg dir dein eigenes Plata o Plomo statement, das dich schon morgens dazu bringt alles zu geben und dein Ecommerce Business aufzubauen. Stell dir einfach dazu vor, dass Pablo zu dir kommt und dich zwingt dein Business aufzubauen. Eine Konsequenz für dich könnte z.B. Sein, dass wenn du in 6 Monaten keinen Verkauf erzielen konntest, dass du dann einer Organisation, die du absolut gar nicht magst Geld spendest. Hier kannst du kreativ werden.

Am besten platzierst du dieses Statement irgendwo wo du es immer sehen kannst. Ich würde das Klo oder den Kühlschrank empfehlen, weil man da zwangsläufig vorbeikommt.. selbst wenn einem nicht nach hustle ist.

Im nächsten Kapitel werde ich dir die grobe Strategie dieses Buches darlegen, so dass du einen guten Überblick bekommst, auf das was du in nächster Zeit umsetzen wirst.

## Das Grundgerüst Für So Richtig Krasse Umsätze

Ich wurde sowohl kritisiert als auch extrem gepriesen für meine Strategien, besonders im Bezug auf mein Konzept das ich „Free-First“ nenne. Durch diese Methode ist es sogar Anfängern möglich mit unter 100€ ihr Business zu starten.

Bei der Free-First Methode geht es darum zuerst kostenlos Inhalte zu veröffentlichen, wie z.B. Auf einem Blog, YouTube oder Podcast um sich eine Gruppe von Menschen aufzubauen, die einen lieben und für alles bezahlen, was sie ein Stück näher an ihr Idol heranbringt.

Du kannst diesen Prozess bei mir auf YouTube, meinem Blog oder Podcast nachverfolgen und sehen, wie ich das in Aktion machen.

Das coole hierbei ist, dass es von jedem gemacht werden kann. Wenn du nicht so die Video Person bist und nicht sprechen kannst, ist der Blog die perfekte Startmöglichkeit. Wenn du nicht schreiben kannst empfehle ich Podcast und Video. Lass dich hier bitte nicht von Leuten runterziehen, die sagen dass es „schwer“ ist oder dass du dafür „kein Talent“ hast. Talent ist nur ein Vorsprung an Fähigkeiten. Großartige Sänger haben einen Riesen Vorsprung vor anderen, weil sie seit der Kindheit üben. Das heißt aber nicht, dass talent in die Wiege gelegt wurde oder? Oder hast du schonmal jemanden gesehen der geboren wurde und sofort Christina Aguilera songs singen konnte?

Das heißt sobald du deine Publizierungsplattform ausgewählt hast kann es losgehen. Ich empfehle all drei vom Start zu nutzen und zu schauen was am besten für dich geht. Publizieren solltest du am besten täglich. Mindestens aber 2-3mal die Woche. Also schau dass du dir ein Thema raussuchst, das dir spaß macht aber auch viele Produkte zum verkaufen hat.

Du musst noch nichtmal selbst Ideen haben, über die du berichten kannst. Es gibt tools wie Buzzsumo die dir Titel aus Viral Inhalten zeigen, die du einfach nachbauen oder sogar besser machen kannst. Bitte kopiere oder klaue niemals ganze Inhalte. Lass dich einfach nur inspirieren.

Nach 30-60 Tagen täglichem veröffentlichen solltest du schon entscheiden können, was dir am besten liegt und wo du weiter hin willst. Viele sagen dazu auch, dass sie ihre „stimme gefunden“ haben. Sie haben ihre wahre Berufung gefunden und wissen genau was sie machen wollen. Sieh es als challenge, die dich in allen Bereichen des Lebens weiterbringt.

Zeitgleich mit dem Start unserer Plattformen können wir unseren ersten Online Shop aufsetzen und Dropshipping Produkte aus unserer Nische einfügen. Auf diese verweisen wir einmal in jedem Inhalt den wir publizieren. Dafür habe ich Skripte, du brauchst dir also keine sorgen machen, Dass Ich dich hier alleine lasse. Das werde ich niemals tun, versprochen.

In der Zeit, in der wir zu Autoritätsfigur in unserem Marktsegment werden, werden immer mehr Leute bei uns einkaufen und wir müssen kein Geld für Werbung ausgeben. Hab ich doch gesagt..

Das Ziel sollte hier sein, das ganze so lange zu machen, bis du zwischen 3.5-5k im Monat an Umsätzen durch deine Inhalte verdienst. Bei den meisten geht das weniger als 6 Monate.

Sobald du an diesem Punkt angekommen bist, kannst du erstmal die Füße hochlegen und ein bisschen genießen. Gönn dir 2 Wochen Urlaub oder so um dich auf den nächsten Schritt vorzubereiten und auf das nächste Level zu kommen. Wir gehen jetzt in den 5-6 stelligen Monatsumsatz Baby!

Ich empfehle dir einen Prozentsatz an Umsätzen direkt in bezahlte Werbung zu stecken um deinen besten Inhalte auf Facebook, Google und YouTube zu bewerben. Du kannst dir auch Newsletter bei deiner Konkurrenz buchen und so richtig schnell wachsen.

**Ich fass das ganze nochmal kurz zusammen:** Plattform wählen, Online Shop hochziehen, Autorität im Marktsegment werden, Prozente Vom Umsatz in bezahlte Werbung stecken, auf 5-6 Stellig im Monat wachsen.

Keine Sorge, ich erkläre dir in diesem buch ganz genau was alles von Nöten ist um in jedem Schritt Erfolg zu haben. Wie gesagt, du bist nie alleine. Wenn du mehr Training brauchst, kannst du immer auf meiner Website nachsehen und dort Hilfe bekommen.

Als nächstes musst du noch etwas an dir selbst feilen, denn du bist noch nicht bereit um erfolgreich dein Ecom Business aus dem Boden zu stampfen. In den nächsten Seiten helfe ich dir Blockaden zu lösen, die dich garantiert vom Starten abhalten werden bzw. dich auf dem Weg sabotieren können. Wenn wir diese aus der Welt geschafft haben, bist du in der Lage schneller zu wachsen, als du es jemals für möglich gehalten hast. Überspringe das nächste Kapitel nicht, es sei denn du hasst Geld.

## Ausreden Die Dich Vom Starten Abhalten Und Versuchen Dich Auf Deinem Weg Zu Sabotieren

Es gibt natürlich noch Ein Paar Dinge, die dich vom Erfolg abhalten werden.. Es gibt Dinge, die reden wir uns selbst ein. Es gibt welche, die uns andere immer wieder erzählen und es gibt unsere eigenen, tief eingefleischte Unsicherheiten. Ich möchte dir helfen, diese loszuwerden. Ich liste sie dir hier kurz auf, damit du deine Ängste und Zweifel ein für alle mal ablegen kannst.

## Habe Ich Ein Hohes Einkommen Überhaupt Verdient?

Viele Menschen glauben, dass sie selbst kein hohes Einkommen verdient haben. Sie wollen zwar viel Geld verdienen, verhalten sich aber so, dass sie immer klein bleiben. Der berühmte Tellerwäscher, der zum Millionär wurde, bleibt so lange Tellerwäscher, bis er anfängt selbst zu entscheiden, dass er zu mehr bestimmt ist und in sich selbst und seine Bildung zu investieren. Erst wenn er überhaupt erkennt, dass es andere Möglichkeiten gibt als Teller zu waschen, wird er in der Lage sein, das Einkommen welches er sich wünscht zu bekommen. Du weißt ja, mit Teller waschen kannst du nunmal nicht reich werden.. es sei denn, du hast ein Tellerwaschunternehmen (ob das eine gute Idee ist sei mal dahin gestellt).

Deshalb ist es auch völlig hirnverbrannt, wenn du viel Geld verdienen möchtest, dass du dir "low income jobs" (zu deutsch: Niedrigeinkommen Arbeitsstellen) suchst, bei denen du niemals die Chance hast mehr als 2000€ im Monat zu verdienen. Wusstest du, dass es außerdem viel mehr Konkurrenz bei solchen Jobs gibt, als bei den hochbezahlten? Das liegt nicht daran, dass die hochbezahlten schwerer sind.. im Gegenteil! Meist muss man für dir richtig geilen Dinger nicht mal wirklich viel mehr tun. Was muss man also tun, wenn man einen Job haben will, der einen gut bezahlt? Wie gut das du fragst!

Es ist sehr simpel aber nicht unbedingt einfach. Warum? Weil du deinen Hintern hoch bekommen musst und einfach nach den richtigen Chancen suchen musst. Ich selber habe zwar mit 16 in einer Bäckerei für ganze zwei Monate in einem Angestelltenverhältnis gearbeitet, weiß aber wie es ist, jemanden Anzustellen, worauf zu achten ist und wie man schnell aufsteigen kann. Was viele nicht wissen, ist der einfache Fakt, dass du nur so viel verdienst wie viel du wert bist und in einem Angestellten Job bist du nunmal nur ein Stundenlohn. Erst wenn du anfängst Probleme zu lösen und einen Bedarf zu decken, steigert sich dein Wert massiv.

Der Begriff "Intrapreneur" ist hier deine erste Anlaufstelle vor dem Unternehmertum.. also bevor du dich selbstständig machst (zumindest wenn du gerade einen Job hast). Das bedeutet, dass du anfängst dich schonmal auf der Arbeit wie ein Unternehmer zu benehmen und Chancen entdeckst, wo andere Probleme sehen. Bekommst du das als neue Gewohnheit hin, hast du es auch verdient ein wahnsinnig hohes Einkommen zu erhalten.

Wenn du direkt dein Business starten willst, machst du es genauso. Am anfang hast du logischerweise NICHT verdient hohe Umsätze zu machen, denn du hast ja noch keine Ahnung von nichts. Du weißt ja noch nicht wie du möglichst vielen Leuten helfen kannst und ihre Probleme behebst. Das macht aber nichts, denn solange du stets in dich selbst investierst und dich immer fragst, wo du die Probleme Anderer lösen kannst, bist du auf deinem Weg zu seinem hohen Einkommen. Wie gut, dass du dir dieses Buch gesichert hast, denn es ist eine kleine Abkürzung um deinen persönlichen Wert zu steigern.

Die Währung im Leben heißt nämlich Mehrwert und wenn du diesen auf egal welche Form liefern kannst, wirst du immer gutes Geld haben.

Ach ja.. Ich rede hier übrigens nicht von dem Wert als Mensch sondern in Resultaten die wir für andere erzielen können indem wir dienen, Lösungen finden und die Welt ein klein bisschen besser machen. Jeder Mensch ist gleich viel wert und sollte auch so behandelt werden.

## Wie Bekomme Ich Mein Geld Für Dieses Buch Möglichst Schnell Zurück?

Was ist mein ROI (return of investment)? Was ist meine Rendite? Oder ganz simpel: Wie bekommst du die Investition in dieses Buch so schnell wie möglich wieder rein?

Auch ich bin total Rendite versessen. Wenn mir etwas keine Rendite bringt, dann kaufe ich es nicht. So einfach ist das. Wenn ich mir eine Kamera kaufe um Bilder im Urlaub zu machen, dann hat mir diese Geld aus der Tasche gezogen. Wenn ich sie aber nutze um Coaching Videos aufzunehmen, mit denen ich Mehrwert erzeugen kann, bringt mir diese recht schnell mehr Geld als ich dafür ausgegeben habe. Das heißt dann, dass ich einen positiven ROI hatte.

Ganz genau so ist es auch mit diesem Buch. Es wird dir nichts bringen, wenn du es nicht liest. Es wird verschwendetes Geld bleiben, bis du dich entscheidest, weiterzulesen und jetzt kommts.. Du musst es auch umsetzen.

Dieses Buch ist praktisch geschrieben. Das bedeutet für dich, dass du einen unfairen Vorteil hast, wenn du die Schritte die ich dir vorgebe umsetzt. Wenn du dem Prozess Schritt für Schritt folgst und deinen ersten Verkauf mit deinem neuen/bestehenden Business machst, wird sich dieses Buch bereits bezahlt gemacht haben. Ab dann ist alles nur noch ein kleines Zahlenspiel, das sehr viel Spaß macht.

## Ich Kann Nicht Vor Kamera Sprechen

Video Marketing wird immer wichtiger mein Freund! Vielleicht hast du schon mitbekommen, dass nahezu 80% der Inhalte im internet mittlerweile entweder Video sind oder Video enthalten? Es ist also für dich umso wichtiger, so schnell wie möglich zu lernen, wie du vor der Kamera oder im Podcast vor dem Mikrofon sprechen kannst.

Ob du es glaubst oder nicht.. ich war früher so schüchtern und introvertiert, Dass Ich den Leuten mit denen ich redete nicht mal ins Gesicht geschaut habe. Man konnte mich mit einfachen Blicken schon wie einen gebrochenen Hund dominieren. Das alles änderte sich als ich anfing die Youtube App auf meinem iPhone zu nutzen. Nicht zum konsumieren aber zum kreieren. Ich hatte so sehr angst davor, mein Gesicht zu zeigen, Dass Ich mir einen Schlachtplan ausdachte um meine Ängste abzulegen.

Also habe ich angefangen Youtube und meine Kamera App auf dem iPhone, anstelle der Notizen zu nutzen. Jeden Tag habe ich also, anstatt mir Dinge aufzuschreiben, eine Videonotiz an mich selbst gedreht und anschließend auf Privat gestellt auf YouTube. So dass nur ich sie sehen konnte. Das ganze habe ich über 90 Tage lang gemacht, bis ich mich getraut habe mein erstes YouTube Video zu veröffentlichen.

Vielleicht kennst du diese Geschichte noch nicht.. aber ich habe mit dem zweiten YouTube Video das ich veröffentlicht habe im ersten Jahr mehr als eine halbe Millionen Leute erreicht! Und das eigentlich absolut schüchterner Mann, der sein ganzes Leben schon Probleme mit seinem Selbstwertgefühl hatte. Wenn ich das kann, kannst du das erst recht. Das was du in diesen 90 Tagen über dich lernen wirst, ist unglaublich. Ich glaube wirklich, dass man damit lernt seine Schüchternheit abzulegen. Probier es aus!

## Ich Kann Nicht Schreiben

Wusstest du, Dass Ich in Deutsch nie besser war als ein Dreierschüler? Egal auf welcher Schule ich war, welchen

Lehrer ich hatte, damit habe ich mich immer schwer getan. Ich hab es nie wirklich hinbekommen mehr als 2 oder 3 Seiten in Aufsätzen zu schreiben und sie waren immer total langweilig, voller Rechtschreib- und Grammatikfehler.

Ich bin heute trotzdem dabei mein Buch zu schreiben, weil ich eine wichtige Aufgabe habe. Nämlich dir zu helfen dein Business aufzubauen bzw. Es größer zu machen. Hätte ich damals auf meine Deutschlehrer gehört, dann hättest du jetzt nicht die Möglichkeit gehabt dieses Buch zu lesen und hättest keine Chance auf ein 6 oder sogar 7 - stelliges Ecom Business. Wie wäre das? Richtig mies oder? Also mache ich es trotzdem.

Bei meinen Recherchen über erfolgreiche Autoren habe ich festgestellt, dass mehr als die Hälfte miserable Schreiber waren. Das ist auch gar kein problem, denn das ist alles lernbar, Hackbar oder outsourcebar.

Ich bin ein Fan von challenges. Wenn ich neue Blogs starte, schreibe ich täglich einen Post mit mindestens 300 Wörtern für 90 Tage. Danach hab ich ziemlich Ahnung vom Thema und kann auch einigermaßen gut schreiben. Wenn ich mal gar kein Bock habe, nehme ich ein Video auf und frage meinen Assistenten ob er den Inhalt meines videos als Post verfasst.

Und als letztes kannst du natürlich auch Ghostwriter

bezahlen, die Inhalte für dich erstellen. Das ist der einfachste Weg, kostet aber auch am meisten. Achte darauf, dass du den Ghostwritern immer ein Inhaltsverzeichnis gibt und ihnen Rechercheartikel vorgibst. Das können andere Posts sein oder sogar Bücher!

Für dieses Buch schreibe ich allerdings selber, denn ich finde ein physisches buch muss „verdient" werden. Deshalb gibt es auch erst jetzt eines von mit, damit ich dir mein bestes wissen liefern kann. Als Unternehmer habe ich eigentlich nicht die Zeit dazu also schreibe ich morgens beim Kaffee einfach ein bisschen und höre Musik die ich liebe dabei. Es ist mittlerweile die „Zeit für mich" geworden. Das kann sie auch für dich sein.

## Ich Bin Nicht Gut Mit Technik

Muss ich wirklich über Technik in einem Buch reden? Wirklich? Ja! Aber auch nur, weil viele glauben, dass das ein limitierender Faktor ist. Wenn du dich mal im Internet umschaust, gibt es Tools die so einfach geworden sind, dass sie leichter zu nutzen sind als Stift und Papier. Ehrlich jetzt. Wenn du einen Online-Shop erstellen willst, kannst du das in 20 Minuten machen. Auf meinem YouTube Channel kannst du einige Step-By-Step Anleitungen ansehen.

## Ich Habe Kein Produkt

Wenn du noch kein Produkt hast, mach Dropshipping. So einfach ist es. Es gibt viele Apps in Shopify, mit denen du einfach Produkte von Drittanbietern in deinen Online Shop laden kannst.

## Ich Weiß Nicht Worin Ich Gut Bin

Wenn du gar keine Ahnung hast, worin du gut bist, überleg dir Dinge die dir Spaß machen könnten und fang deine 90 Tage Video Challenge an. Rede einfach über Dinge die dich interessieren und du wirst schnell herausfinden, worüber du am meisten redest.. das nenne ich übrigens „Stimme finden". Dazu später mehr!

## Ich Habe Kein Startkapital

Ich würde dir einfach empfehlen um so 1k-2k zum starten zu haben. Das macht alles sehr viel einfacher. Schau als erstes, dass du irgendwas verkaufen kannst, das du nicht mehr brauchst. Mach nen Frühjahrsputz und alles was du in den letzten 6 Monaten weniger als einmal benutzt hast muss weg. Alternativ kannst du auch Flohmarktartikel online verkaufen. Manchmal findet man echte Schätze. Oder du kaufst Dinge günstig ein und verkaufst diese einfach teurer online. Als letztes kannst du auch die Dinge die du von mir lernst an anderen Leuten ausprobieren und dich dafür bezahlen lassen. Das geht auch...

Spar dir 1-2k zusammen und investiere es in deine Weiterbildung und dein Business. Ich würde mindestens 100-200€ im Monat in Weiterbildung investieren, selbst wenn ich nur 500€ verdienen würde, weil ich weiß dass mir das später sehr viel geld bringen wird. Dafür lohnt es sich mal den Gürtel wo anders enger zu schnallen. Um mit diesem Buch dein Business zu betreiben braucht es ca. 24€ im Monat um dein Business am laufen zu halten. Das ist weniger als der Handyvertrag der meisten Leute, der einem geld aus der Tasche zieht und nicht mehr geld machen kann.

## Meine Familie Unterstützt Mich Nicht

Als ich anfing hat mich meine Familie auch nicht unterstützt. Sie haben mich sogar ausgelacht! Es ist ein scheiß Gefühl, wenn man für etwas ausgelacht wird, für das man eine Passion entwickelt hat. Vor allem die ganzen vorwürfe die einem gemacht werden. Bei mir hieß es immer „du musst ein Studium machen“, „du musst einen sicheren job finden“, und noch so vieles mehr.

An einem Abend saß ich mit meiner Mutter und ihrem neuen Ehemann zusammen an meinem Esstisch. Ich erzählte ihnen, Dass Ich schon wieder eine neue Idee für mein Business habe. Meine Mutter hat sich starke sorgen gemacht und ihr neuer Mann lachte mich aus, weil er mich dumm fand. Er ist Ingenieur und ich nur ein

Studienabbrecher, der ein Business nach dem anderen ausprobierte. Er fand das so lustig, weil er der festen Überzeugung war, dass sein Job sicher ist. Du kannst dir denken dass das Gespräch irgendwann im streit endete, weil ich ihm gesagt habe, dass nur deine eigenen Aktionen sicher sind. Wenn dein Chef kein Bock auf dich hat, findet er Wege dich rauszuwerfen und du kannst kauf etwas tun. Wenn du Unternehmer bist, bist du selbst der Chef. Wenn es mal scheiße läuft kannst du aber was dagegen tun. Das konnte er nicht und er ist kurz vor seine Rente aufgrund vor Stellenabbau arbeitslos geworden. Karma ist ne bitch oder? In dieser Zeit habe ich mein erstes Millionen Business im Ecommerce aufgebaut, während er sich in der Arsch biss. Ich lache heute nicht über ihn, ich habe eher Mitleid.

Weil meine Familie mich nie unterstützt hat, habe ich mir 2 Dinge geschworen. Ich erzähle ihnen einfach nicht, wenn ich etwas „risikoreiches" mache, weil dann z.b. Meine Mutter sich sorgen macht (welche Mutter macht das nicht, oder?!) und dass Ich Leuten die nicht an mich glauben als Motivator nutze um ihnen das Gegenteil zu beweisen.

*Zu entscheiden,* ***wem*** *du was erzählst ist also hier entscheidend.*

Nur 2% der Menschen sind wirklich negativ und ernähren

sich am Elend anderer. Kommuniziere hier richtig - oder einfach gar nicht.

Dann musst du auch nicht wie alle immer empfehlen negative Leute aus deinem Umfeld rauswerfen. Die meisten sorgen sich einfach um dich und wollen dich deshalb „sabotieren“ denn sie denken, dass das was du tust nicht sicher ist, denn sie kennen nur den Status Quo. Aber hey, diese Leute denken auch noch, dass man online kein Geld verdienen kann.. und kaufen trotzdem täglich bei amazon.. ironischerweise arme Heuchler ohne es zu wissen.

## Ich Habe Schonmal Content Marketing Oder Bezahlte Werbung Versucht Und Es Hat Nicht Geklappt

Hast du nicht. Zumindest nicht auf Champions League Niveau. Sonst wüsstest du, wie krass man eine Marke damit aufbauen kann. Egal was du vorher probiert hast, ich denke das hat nicht geklappt, weil dir entweder der Fokus gefehlt hat oder du in Analyse Paralyse verfallen bist oder weil du von irgendeinem Guru eine „Schlupflochmethode“ genutzt hast, die nichts mit gutem Marketing zu tun hatte. Mein Freund, solche Schlupflochmethoden funktionieren nie! Zumindest nicht länger als Ein Paar Wochen und schaden langfristig sogar.

Mach es dieses Mal von Anfang an richtig, seriös und legal. Denk nicht was morgen ist, sondern in 5 Jahren. Wo soll deine Marke da sein?

## Ich Habe Schonmal Einen Online Shop Gehabt, Das Aber Nicht Sonderlich Erfolgreich

Keine Sorge, das beheben wir. Wenn du möchtest kannst du den alten shop als Experiment sehen, aus dem du lernen kannst und beim nächsten einfach darauf achten nicht dieselben Fehler zu machen. Ecommerce ist eine Billionen Industrie. Da ist auch ein Stück vom Kuchen für dich da, versprochen. In diesem buch verrate ich dir die schritte, wie du langfristig dabei bist.

## Ich Habe Zwar Umsätze Aber Viel Zu Wenig Gewinn

Dieses Problem hast du, weil dein durchschnittlicher Warenkorbwert zu klein ist. Ein sehr einfacher Trick wird dir helfen, das noch heute zu ändern. Falls du es noch nicht getan hast, versuche ein paar Folgeverkäufe (Upsells) in deinen Shop zu integrieren. Dafür gibt es viele Apps, die du nutzen kannst. In den Ressourcen empfehle ich dir gerne welche.

Wenn du schon in einem meiner bezahlten Trainings bist,

schau dir einfach die Videos über Upselling an, diese werden dir helfen den Wert pro Kunden zu erhöhen. Ein Weiterer Schritt ist Email Marketing und Follow Ups von Kunden die den Einkauf abbrechen. Durch diese beiden Dinge kannst du deinen gewinn im nächsten Jahr locker vervierfachen. Dazu habe ich auch ein Training auf ecommerceblackbook.com/boni

## Ich Weiß Nicht Wie Man Ein Business Gründet

Das sollte kein Problem sein. Du kannst dir bei deinem örtlichen Amt einen Gewerbeschein für unter 30€ besorgen. Gar kein Problem, das kannst du noch heute machen. Wenn es dir etwas ernster ist, kannst du entweder eine UG gründen oder wenn du gerne international gehen willst in Zukunft eine LTD. Diese haben keine Start-Up kosten und sind beschränkt haftbar. Das heißt wenn du mal richtig mist baust und pleite gehst, wirst du nicht mit deinem Vermögen haftbar gemacht sondern nur mit deiner Firma.

Ich wähle eigentlich immer eine LTD. Das steht für Limited (also beschränkt haftbar) und kann für unter 200€ von einer Agentur für dich gegründet werden. Die meisten Agenturen bieten auch einen 24h service an, den du in Anspruch nehmen kannst, damit du schnell am start bist.

Alles halb so wild, deine ersten Erfahrungen kannst du auch so schon machen. Keiner hackt dir deinen Kopf ab, wenn du 3 Verkäufe gemacht hast um zu schauen ob das ganz überhaupt was für dich ist und du noch keine Firma aufgesetzt hast. Wenn es dir aber von Anfang an ernst ist, melde einfach eine Limited an und fang an. Da passiert im Kopf irgendwas, dass dich anders handeln lässt. Vermutlich, weil es dann irgendwie „offiziell" ist, dass du jetzt nicht mehr den Status Quo lebst... Hammer Gefühl oder?

## Ich Habe Keine Zeit Wegen Job Oder Ähnlichem

Ich verstehe, dass es schwierig ist viele Dinge scheinbar gleichzeitig handzuhaben. Vor allem wenn du berufstätig bist, Kinder hast oder einfach nicht weißt wo du starten sollst. Vieles kann einen einfach überwältigen.

Schlimmer noch ist aber der Fakt, dass dich das überwältigen lähmt und du dadurch stecken bleibst. Das geschieht, weil du dir selbst einredest, keine Zeit zu haben und du natürlich auch logische Gründe dafür hast (die haben wir alle). Ein Tag hat nur 24 Stunden und trotzdem schaffen es viele Andere auch, obwohl sie mehrere Jobs haben, alleinerziehend sind und nebenher noch ihr Ecom Business hochziehen.

Was machen diese Leute also anders? Simpel. Sie priorisieren. Als erstes machen sie sich ein Bild davon, was sie eigentlich so die ganze Woche über erledigen.

Wie lange bist du am Arbeiten? Wie lange schläfst du? Wie lange brauchst du für Haushalt und Essen? Wie viel Zeit verbringst du mit Freunden oder Hobbies? Wo hast du "Hohl-Stunden" (z.B. wenn du Bus oder Bahn fährst)? Wie viel Zeit wird auf Netflix verschwendet? Spielst du viele Videospiele? Wie sieht's mit Social Media aus?

Stell dir am besten mal all die Fragen und nutze für 14 Tage Smartphone Apps, mit denen du deine Zeiten tracken kannst. Du wirst erstaunt sein, wie viel Zeit du eigentlich hast.

Anders hingegen sieht es aus, wenn du ein wirklich schwerer Fall bist und du absoluten ausgebuchte Terminkalender hast. Mein Tipp: *Slow down. Mach mal langsam.*

Gerade du hast es nötig etwas vom Gas runterzugehen. Mehr Arbeit wird dich auch nicht reicher machen.. im Gegenteil. Burnout ist hart verbreitet und ein absoluter Grund, weshalb wir unser Business automatisieren werden.

Wenn du das getan hast, wird es zeit zu priorisieren. Lies dazu das Kapitel hier im Buch über den eisernen Fokus, denn dieser wird dir nicht nur Klarheit bringen, sondern auch mehr Zeit.

Also für jetzt wisse einfach, dass es dich zwischen 2-3 Stunden täglich kosten wird langfristig erfolgreich mit deinem Ecom Business zu sein. Da wir aber wie gesagt den technischen Kram automatisieren, verbringst du deine Zeit mit den einigen wenigen Aktivitäten die richtig Spaß machen, so dass du langfristig Freude an deinem Ecom Business hast.

Siehst du.. alles garnicht so schlimm wie gedacht! Es ist alles nur eine frage der Einstellung also deinem Mindset zu den Dingen. Für alles gibt es immer eine Lösung.

**Ich Denke Du Bist Jetzt Bereit Für‘s Umsetzen!**

Ich freu mich richtig für dich.. Das ist der coolste Prozess den es gibt, weil es noch so viele „aha“-Momente geben wird für dich. Dieses Gefühl liebe ich einfach. Genieß es und schreib mir eine Nachricht auf Social Media, wenn dir etwas wie Schuppen von den Augen fällt. Das erfüllt mich sehr, wenn ich sehe dass du Erfolg hast bzw. weiter kommst. Dann mal ran an das Bacon…

# Kapitel 1 - Du Brauchst Eine Power Nische

Über das „finden“ einer Nische wirst du schon sicher viel gehört haben. Ich möchte dich nicht mit Mist volllabern, den du sowieso schon kennst oder einfach im Internet nachrecherchieren kannst. Der aber aus meiner Erfahrung nach sowieso noch nie gestimmt hat.

Eine erfolgreiche Nische kann nicht „gefunden“ werden. Es ist auch absolut klar, warum das nicht möglich ist. Wenn ich dir erzähle, dass du im selben Markt wie Hugo Boss Anzug Hemden verkaufen sollst, würdest es tun? Selbst wenn du die Mittel dazu hättest… der Markt gehört eben solchen großen Spielern.

Aus diesem Grund fingen kluge Marketer (wie wir) an Nischen zu suchen, in denen es noch keine großen Spieler gab, um selbst zum großen Spieler zu werden. Das funktionierte so gut, dass dieses Wissen immer und immer wieder geteilt wurde, bis so ziemlich jede Nische mit großen Spielern gedeckt wurde.

Ich mache dir hier mal ein kleines Beispiel. Um die Jahrtausendwende fing es immer mehr an mit dem Fitnesswahn richtig? Am Anfang haben sich erst ein Paar Leute als Fitness gurus präsentiert, bis es dann am Ende so viele waren, dass sich Kunden kaum entscheiden konnten zu wem sie gehen. Als Antwort darauf fingen einige an Fitness für Vegane, Fitness für Bodybuilder, Fitness für Ladies etc. zu starten und hatten wieder Massiven Erfolg.

Momentan sind wir in einer Zeit in der eine simple Nische wie „Fitness für Veganer“ nicht ausreicht. Wir müssen mindestens 3 ebenen tief gehen, denn nur dort haben wir einen “blauen Ozean” voller lebendiger Fische (Kunden), die noch nicht in den blutroten totgefischten Gebieten von anderen Marketern schwimmen. Zur blauen Ozean Strategie gibt es ganze Bücher, die du aber nicht lesen musst, denn das habe ich bereits für dich übernommen, damit du das Konzept in 2 Minuten verstehen kannst.

Um also eine Power Nische zu erstellen ist es nicht nur wichtig 3 Ebenen Tief zu gehen, sondern sich auch Ein Paar Fragen zu stellen.

1. Welche Art von Produkten kann ich verkaufen?
2. Kann ich Monatsabos anbieten? (Abnutzbare oder verbrauchbare Produkte, Software, Mitgliedschaften, Gruppencoaching)
3. Gibt es ein Movement (Community & Events), Hobby oder eine starke Passion in meiner neuen Nische?
4. Haben die Leute in meiner Nische ein besonders

starkes Problem, das bisher noch keiner lösen konnte?
5. Wie kaufstark ist meine neue Nische? (Wie oft kaufen sie und für wieviel Euro)
6. Was verkaufen andere Marketer aus der Nischenstufe über meiner?
7. Was stört mich und andere stark an den Produkten der anderen Marketer einer Nischenstufe über mir?
8. Gibt es Influencer die ständig Produkte posten? (sehr gutes Zeichen)
9. Habe ich selbst ein Interesse, vorerfahrung oder Wille Inhalte aus dieser Nische zu lernen? (Falls nein, such dir eine Andere!)

Wenn du für dich diese Fragen beantwortet hast und zufrieden mit deinen Ergebnissen bist, dann sollte deine Nische ungefähr so aussehen, dass du eine wirklich „spitze Positionierung“ im Markt erhalten hast. Je mehr Fragen du positiv beantworten kannst, desto besser.

Gib jeder Frage eine Skala von 1-10, rechne diese zusammen und wenn der Wert über 50 ist hast du eine Anständige Nische. Im Idealfall hast du etwas zwischen 70 und 90 als Endwert.

Bei mir im Coaching Bereich sieht das so aus, Dass Ich angehenden und erfahrenen Unternehmern zeige, Wie

Sie sich ein Ecommerce Business aufbauen und damit durch moderne Marketingstrategien (mehr) Geld verdienen, so dass sie die Welt mit ihren Produkten ein bisschen besser machen können.

Also wäre das im Prinzip:

Geld verdienen -> mit Marketing -> mit einem Online Business -> durch Ecommerce

Das ganze kann ich natürlich, je nach Laune noch eine Ebene tiefer machen und z.B. Sagen, Dass Ich im Ecommerce nur Dropshipping, Amazon fulfillment order print on demand mache.

Genau so funktioniert es auch in allen anderen Bereichen. Je tiefer du in den Markt eintauchen kannst, desto besser ist es für dich! 3 Ebenen sind ein Minimum, je mehr desto besser.

# 3 Dinge Die Eine “Schlechte” Nische Ausmachen

Nicht jede Nische ist gleich ein absoluter Volltreffer. Manches sieht zwar auf den ersten Blick total profitabel aus, kann sich aber später als echt lästig erweisen. Ich zeige dir einmal kurz Beispiele für Nischen in die ich nicht gehen würde.

Ich mache in diesem Kapitel sehr viele Beispiele, möchte aber nochmal sicher gehen, dass du einige Dinge nicht probierst, es sei denn es ist deine absolute Passion und du weißt ganz genau was du tust. Die Empfehlungen sind einfach nur für den Beginner.

Die erste Kategorie sind **Saisonale Artikel** (Weihnachtsartikel, Grillsaison, Halloween etc.). Das liegt daran, dass du nicht wirklich Business über das komplette Jahr hast und nur der schnellen Mark hinterher rennst. Klar kannst du einen Halloween oder Black Friday Sale machen, nur solltest dein Sortiment niemals aus solchen Produkten bestehen.

**Produkte mit Emotion** eignen sich auch nur bedingt, denn diese können zu hohem Kundensupport und Aufwand führen. Ein gutes Beispiel ist hier **Technik**. Wir kaufen sie um eine gewisse Emotion zu fühlen. Wenn wir uns für einen Fernsehen entscheiden, dann tun wir das, weil wir mit den liebsten spannende Filme genießen wollen und die Verbundenheit (manchmal auch Faulheit) genießen wollen. Wenn der TV mal nicht so will wie wir.. ohje, davon fang ich nicht an. Ich weiß nur, dass viele sehr grantig werden und das am Kundenservice auslassen. Bevor ich's vergesse, in Deutschland brauchen Elektronik Artikel auch diverse Kennzeichnungen, die du zwar easy bekommen kannst, die aber einen weiteren Aufwand für dich darstellen. Du willst ja schnell starten.

Als letztes möchte ich dich noch davor warnen, etwas zu verkaufen, dass man sich in den Mund steckt bzw. was man **konsumiert**. Wenn du schon fortgeschritten bist, kannst du das gerne probieren, ist aber wirklich eine herausforderung. Ebenso solltest du Produkte vermeiden, die vor einer gewissen **Deadline** angekommen sein müssen, weil sie sonst verderben oder unbrauchbar sind.

Wenn du diese vermeidest, wirst du es extrem viel einfacher haben, dein Business von Grund auf zu starten. Was aber noch viel wichtiger ist, du wirst später auch viel weniger Probleme haben.

# 5 Schritte Prozess Um Nischenideen Zu Bekommen

Mach dir mal ein paar Gedanken darüber, was du selbst so in der Vergangenheit gekauft hast, was du öfter kaufst oder aber was deine Freunde und Familienmitglieder gerne kaufen. Wo sind sie zufrieden?

Bevor du Nischen testen kannst musst du dir natürlich erst ein paar Gedanken machen. Also schreib dir mal mindestens 50 Nischen auf, die dir gefallen, zu den Kategorien von vorhin passen und block dir deine Zeit dafür im Kalender. Es reicht nicht einfach so auf dem Weg zum Bäcker mal 3 Dinge durchzudenken.

***Stell dir mal ein paar Fragen:***

*Was waren die letzten paar Dinge die du online besorgt hast? Was machst du gerne im Urlaub? Was machen Andere gerne im Urlaub? Was ist das teuerste in deiner Wohnung? Was ist das teuerste das deine Freunde besitzen? Was sind deine Hobbies? Welche coolen Dinge hast du oder deine Freunde, von denen du denkst: "Oh mein Gott, das ist so cool! Nimm endlich mein Geld, ich will das haben!"*

Schreib dir alles auf, was dir einfällt. Und übrigens.. nur weil die Nische profitabel ist, musst du sie nicht nehmen. Wenn dir ein bereich keine Freude bereitet, ist er es nicht wert. Du kannst sowieso von heute auf morgen deine Nische ändern.

## Nischenfilter #1

Wenn du ein paar Ideen hast, solltest du als erstes checken, ob es **Konkurrenz** gibt. Wenn ja, ist das Top! Denn von ihnen kannst du lernen, wie du Produkte in deinem Markt verkaufst. Manche haben auch E-mail Listen in die du dich einkaufen kannst um deine Produkte zu verkaufen. Denk an potenzielle Partner. Denk bitte daran, dass du auch drauf achtest, dass der Markt nicht unbedingt gesättigt sein sollte von den Produkten, die du verkaufen willst. Auch wenn du potenzielle Partner/ Konkurrenz hast, sollte es doch trotzdem einen Platz für dich geben.

## Nischenfilter #2

Als nächstes solltest du darauf achten, dass die Nischen die du dir ausgesucht hast, nicht von loyalen Kunden dominiert wird, die immer nur von einer Marke kaufen. Monopol Nischen sind mies.

## Nischenfilter #3

Wenn deine Nische durch die ersten beiden Filter durchgerutscht ist, solltest du als nächstes schauen, wie die Preissetzung in dem Markt ist. Wenn du hohe Preise verlangen kannst, hast du zu 99% auch hohe Margen.

Dann macht es richtig spaß. Ich empfehle immer Allrounder Nischen zu nehmen, bei denen man locker für 100€ und mehr verkaufen kann aber auch Produkte hat, die für 20€ über die Theke gehen können.

## Nischenfilter #4

Wenn dein Produkt jetzt hochpreisig oder mittelpreisig verkauft werden kann, wäre es absolut hammer, wenn es noch wenig wiegt. Shipping kann nämlich teuer werden und wir wollen das von vornherein vermeiden.

## Nischenfilter #5

Als letztes kommt der absolute Fallstrick. Die **Rückgaben & Produktvariationen** werden dich töten. Nicht körperlich aber mental. Ich hasse es, wenn ich Anfragen auf Geld zurück bekomme. Nicht nur sind diese relative aufwendig, weil du das Geld zurücksenden musst, sie sind auch fast komplett vermeidbar. Verkauf einfach nichts mit verschiedenen größen. Einer meiner größten Fehler war ein Unterwäsche Shop für Frauen. Warum? Weil BHs einfach mal in 5 Cup Sizes, 5 verschiedenen Weiten und 5 Farben zur Verfügung standen.

Jetzt rechne mal. **5 x 5 x 5 = 125**

125 verschiedene Variationen für nur ein Produkt. Viel Spaß bei den Fotos und den Ladezeiten deines Shops.

Einfarbige T-shirts in 3 Größen gehen ja noch aber das.. puh. Das war heftig.

**Tipp:** Falls du gar keine Ideen hast oder einfach komplett leer in der Birne bist, weil du einen stressigen Tag hattest, kannst du auch Amazon zur Hilfe nehmen und bei den Bestsellern bzw. meistverkauft suchen. Falls du nichts findest, frag einen Kumpel ob er dir kurz Amazon bestseller zeigt oder du machst eine 20 sekündige Googlesuche. Du weißt, wie man Amazon bedient um zu kaufen. Mach einfach den Shopping Prozess selbst durch. Du kennst auch die Kriterien, nach denen du selbst kaufst.

## 52 Nischenideen Für Deinen Online Shop

Denkst du ich lasse dich hier starten ohne, dass ich dir ein paar Vorschläge für Produktnischen gebe? Hier sind einige, die du in betracht ziehen kannst. Ich mache einfach mal selbst ein bisschen Time Blocked Brainstorming und du wendest dann einfach die obigen Filter zur Übung an um dir die Arbeit zu erleichtern bzw. um etwas Anregung zu bekommen. Wie gesagt, ich will dass du es so einfach wie möglich hast.

1. Minimalisten Gepäck
2. Werkstationen
3. Heimworkout
4. Tinyhouse Möbel
5. Kiteboarding Equipment
6. Reisebedarf

7. Angelbedarf
8. Bowling Equipment
9. Body Tracking
10. Golf Equipment
11. Volleyball Equipment
12. Therapiebänder
13. Bergsteiger Equipment
14. Küchenutensilien
15. Entsafter
16. Saftpressen
17. Schneideflächen
18. Pfannen
19. Küchenhelfer
20. Popcorn Maschinen
21. Eismaschinen
22. Wein Equipment
23. Selfmade Bierbrauen
24. Standing Desks
25. Gaming Stühle
26. Office Fitness Equipment
27. Whiteboard oder Glassboards
28. Handverlesenes Kaffee Equipment
29. Kaffeemaschinen
30. Tierzubehör
31. Fischzubehör
32. Hundebetten
33. Tierkäfige
34. Tier Spielzeuge
35. Haustier REHA Equipment
36. MMA Training Equipment
37. Flip Flop Schuhe
38. Rucksäcke
39. Koffer
40. Notizbücher
41. Baby Reise Equipment
42. Spielzeug
43. Teleskop & Fernglas
44. Vogelbeobachter Equipment
45. Tiefseetaucher
46. Modeleisenbahn
47. Gärtnerbedarf
48. Backzubehör
49. Camping

50. Billiard
51. Survival & Prepping
52. Magier Equipment

# Evergreen Nischen Vs. Trend Nischen

## Immergrüne Nischen

Weißt du warum große Firmen, wie Nike, Canon & CocaCola so abartig lange am Markt sind? Klar liegt das auch am Markennamen, aber den hatten sie nicht von Anfang an etabliert oder?

Also woran liegt es wirklich, dass sie über jahrzehnte hinweg massive Umsätze fahren können? Ihre Nischen sind evergreen. Das bedeutet, dass Menschen immer eine Nachfrage nach ihren Produkten haben werden. Heute trinke ich eine Flasche Cola und morgen vermutlich auch. Das neue paar Turnschuhe brauchst du in ein paar Monaten sicher auch. Und die Kamera? Da fang ich garnicht erst an, denn da kann man sich zu tode shoppen.

Ich liebe immergrüne Nischen, da sie keinen Schwankungen unterlegen sind. Es sind keine kurzfristigen Trends sondern stabile Projekte, die man sich über Jahre hinweg zu einer Marke aufbauen kann. Versteh mich nicht falsch.. in einer immergrünen Nische gibt es immer wieder Produkt Launches die aussehen wie Trends. Das sind sie aber nicht. Du darfst niemals gutes Marketing mit einem Trend verwechseln.

# Trendsurfing

In meiner Mastermind habe ich einen jungen Mann, der in Trends aufgeht. Es ist das was er liebt und was er den ganzen Tag macht. Er sitzt an seinem iPad, beobachtet die Newsfeeds der sozialen Medien, schaut was sich gerade in den Shops seiner Mittstreiter gut verkauft und natürlich wo viel Bannerwerbung geschaltet wird.

Sieht er etwas außergewöhnlich oft oder stellt fest, dass eine hohe Nachfrage ist, hat er sein Produkt entdeckt. Er nutzt Dropshipping um schnell an seinen Lieferanten zu kommen, ohne das Produkt herstellen lassen zu müssen. Er zeigt mir regelmäßig Einblicke in sein Marketing und es ist wahnsinn. Ich sehe bei ihm regelmäßg tage an denen er einen Umsatz von 7.000-11.000€ macht. Genau. Ich rede von Tagen. Das sind in einem vollen Monat mehr als 330.000€. Was ist also sein Geheimnis? Simpel!

Sein Geheimnis ist das strategische Ausnutzen von Trends. Er nennt es "Trendsurfen". Ich rede nicht von Trends, wie z.B. dem Fidget Spinner oder ähnlichen Produkten, die absolut mainstream geworden sind, denn diese haben ihr maximales potenzial verloren, sobald die breite Masse erkannt hat, dass der Trend existiert. Er spielt hingegen den beobachter und überblickt täglich den Markt. Er hat mir mal gesagt, dass er sich dafür sogar täglich Zeit einräumt und in seinem Kalender blockt, nur um Social Media etc. zu durchforsten und nach möglichen

Trends ausschau zu halten. Es hat mit ziemlich viel Bauchgefühl zu tun aber glaube mir.. wenn du einen Trend entdeckst, weißt du, dass es einer wird. Das liegt daran, dass diese Produkte einen vom Hocker hauen wenn man sie das erste mal sieht und man sich fragt “wie konnten Menschen nur ohne das leben?”. Es gibt übrigens auch Google Chrome Erweiterungen, mit denen du nur Werbeanzeigen in Social Media siehst und alle Posts deiner Freunde ausgeblendet werden. Das hilft fokussiert zu bleiben.

Ich möchte dir aber auch aus transparenz sagen, dass ein Trend nur von kurzer Dauer ist (meist 4-6 Wochen). Deshalb wird es auch Trendsurfen genannt. Weil du immer die Welle vom nächsten Trend mitnehmen kannst. Ist natürlich super, denn Trendprodukte verkaufen ist die einfachste Form von Verkauf. Menschen lieben es eben coole Dinge zu haben, die noch keiner hat.

Jetzt kennst du Trendsurfing und Immergrüne Nischen. Ich empfehle dir mal beides auszuprobieren und dann zu entscheiden oder einfach beides zu machen.

## So Checkst Du Ob Deine Nische Profitabel Ist

Nachdem du dir jetzt schon so viel Gedanken darüber gemacht hast, welche Märkte dich interessieren und wo es dir Spaß machen könnte dich zu positionieren, ist es wichtig zu wissen, ob du dort überhaupt Produkte verkaufen wirst.

Mein größter Fehler zu Beginn war anzunehmen, dass mein Kaufverhalten auch andere haben. Nur weil ich selber keinen Nagellack kaufe, heißt es nicht dass die ladies keinen kaufen oder?

Ich bin also jahrelang mit dem Glaubenssatz umhergelaufen, Dass Ich nur Produkte verkaufen sollte, die ich mir auch selber holen würde. Und es war meine größte Hürde die mich vor durchschlagendem Erfolg zurückhielt. Als ich eines Abends mit einem Freund darüber redete, meinte er zu mir, dass er dauernd Produkte verkauft, die er aber selber sich nie nach Hause bestellen würde. Verkaufen tun sie sich trotzdem.

Es war also nicht das Produkt was entscheidend war, sondern das Marketing des Produktes. Und es war auch völlig egal, ob er selbst seine Zielgruppe war oder nicht. Als ich das verstanden habe, änderte sich alles. Es war also dieser „Filter" den ich hatte, der mich blockierte.

Ich war nun in der Lage, meinen markt objektiv zu analysieren und konnte ganz genau schauen wo Kaufkraft dahinter steckt. Ich schaute ob es Inhalte in meinem Markt gibt von deren Marketern. Ich suchte nach Produkten. Und wenn es eben beides nicht gab, war es ein Zeichen für mich, Dass Ich die Finger davon lassen sollte.

Es ist ganz einfach. Wenn noch nie jemand in deinem Bereich war (große Nische), dann ist dort vermutlich auch nichts zu holen. Nur weil du etwas „neues“ hast, das „noch nie jemand getan hat“ heißt es lange nicht, dass du extrem viel verkaufen wirst.

Im Gegenteil. Wenn niemand in deiner (großen) Nische ist, heißt das, dass es entweder Leute probiert haben und es extrem unprofitable war oder dass du der erste bis und alles alleine herausfinden musst. Beides ist keine gute Ausgangslage oder?

Weitere Wege das zu checken wäre zu checken, wie die Bestseller listen online aussehen. Wird in dem Bereich viel auf eBay, Amazon & Aliexpress verkauft? Wenn ja, hast du vielleicht eine profitable Nische für dich entdeckt... :)

## Muss Ich Experte In Meiner Nische Sein Um Geld Zu Verdienen?

Nö, probier “Fake it, till you make it”. Ist zwar am Anfang etwas schwieriger aber absolut machbar. Auf dem Weg lernst du einiges. Du hast immer noch die Möglichkeit auf Outsourcen. Wenn du gerade startest wirst du sicher alles alleine machen, um die Kosten gering zu halten. Das ist völlig ok.

## Dein Dream Team

Dieses Kapitel ist denke ich eines der wichtigsten im gesamten Buch. Dieses Konzept habe ich von Chet Holmes aus seinem Buch „The Ultimate Selling Machine“. Es ist eine Strategie, die so simpel ist, aber völlig ignoriert wird von den meisten Marketern.

Mach dir eine Liste mit 4 Spalten: YouTube, Blogger, Podcaster, Fanpages/Communities/Foren

Als nächstes suchst du dir zu jedem dieser Aktivitäten, durch einfache google suche, die Top 25 Influencer in diesen Bereichen heraus und schreibst dir diese in ein Excel Dokument oder ein einfaches Blatt Papier, das du immer auf deinem Schreibtisch hast.

Das ist wichtig, denn diese Leute wirst du ab sofort sehr gut im Blick behalten, aus verschiedenen Gründen. Zum einen kannst du Kollaborationen mit ihnen machen und so mit ihnen zusammen wachsen. Zum anderen kannst du inspiration von ihnen bekommen, indem du schaust was diese Verkaufen und wie diese ihr Business strukturieren.

Was aber noch viel cooler ist, du hast die Möglichkeit ihre

Fans z.B. Durch Facebook oder Youtube Werbung direkt anzusprechen, ohne dass du jemals mit der Konkurrenz schreiben musstest.

Die Grundlage für alles ist deine Dream 100 Liste. Also nimm dir einfach ein bisschen zeit und suche diese Woche alle möglichen Gurus, influencer und Personen des öffentlichen Lebens raus, die in deinem Bereich sind.

Das wird dich extrem weiter bringen und gibt dir später einen Riesen Wachstumsschub, wenn du ihn am meisten brauchst.

# Kapitel 2- Die Influencer Formel

Die allwissenden Gurus und selbsternannten Experten können sagen was sie wollen. Als ich angefangen habe täglich zu publizieren, also täglich meine Inhalte zu veröffentlichen, hat sich nicht nur mein Business, sondern auch mein Leben verändert.

Jeder der etwas anderes sagt, hat es entweder noch nicht gemacht oder lügt dir einfach blank ins Gesicht. Ich erzähle dir gleich, was sich alles verändert. Aber erstmal eins nach dem anderen.

Stell dir vor, es ist 8 Uhr morgens und du liegst morgens noch im Bett. Du hast heute deinen freien Tag und das willst du genießen. Du träumst davon wie du die Welt mit deinem Business eroberst - oder so ähnlich. Plötzlich wirst du schweißgebadet aus dem Schlaf gerissen. Das Telefon klingelt. „Um diese Uhrzeit?" fragst du dich. Du greifst zum Smartphone und plötzlich prasseln die Worte nur so auf dich ein. Ein Mann der dir irgendwas am Telefon verkaufen möchte - mal wieder. Du hörst dir seinen Verkaufsvortrag bis zum Ende desinteressiert an.

Was hat dieser Typ am Telefon falsch gemacht?

Es sind genau zwei Dinge. Zuallererst hat er das Kapitel mit der Nische aus diesem Buch gelesen, sonst wüsste er, dass du kein Interesse an seinem Produkt hast. Zum anderen hat er dich einfach kalt aus dem Schlaf gerissen. Wer kauft bitte von jemanden, den man nicht kennt? Von jemandem der noch kein Vertrauen oder Verbindung zu dir aufgebaut hat? Er hat dir auch nicht gezeigt, dass er dir Mehrwert bieten kann.

Jetzt stell dir ein anderes Szenario vor. Du liest dieses wundervolle, wenn auch nicht ganz jugendfrei geschriebene Buch. Du erkennst den Mehrwert schon bevor du es gekauft hast, weil du dir seit Wochen meine Inhalte auf YouTube, meinem Blog und Podcast reingezogen hast. Du wartest sogar schon immer darauf, dass du neuen content von mir konsumieren kannst, weil er dich so viel weiter bringt. Stell dir vor ich rufe dich jetzt um 4 Uhr morgens an, reiße dich aus dem Tiefschlaf, weil ich dich in meine private 1 zu 1 Coaching Gruppe „Evolve“ einladen möchte die mehr als 25k im Jahr kostet. Würdest du hier nein sagen?

Der einzige Grund für dich an diesem Punkt „nein“ zu sagen, wäre, weil du nicht in der Lage bist, die Aufnahmegebühr zu bezahlen, denn du hast Vertrauen zu mir. Du weißt ganz genau was dich erwartet und wir beide haben eine Verbindung durch meine Inhalte bekommen.

Siehst du wie ich durch tägliches Veröffentlichen den einfachen Typen aus dem Callcenter, der dir sein Produkt oder seine Dienstleistung verkaufen wollte, aus dem Rennen kicke?

Wenn du wirklich daran interessiert bist, kannst du übrigens schauen ob ich noch freie Plätze im „Evolve“ Programm frei habe und ob du dich um einen Platz bewerben kannst. (www.ecommerceblackbook.com/boni)

Es gibt vier Arten, auf die du selbst deine Inhalte veröffentlichen kannst. Geschrieben, gesprochen und vor der Kamera performt. Die vierte Art kombiniert einfach alle vorherigen und ist auch die, die ich für mich selbst nutze. Ich möchte omnipräsent sein und auf jeder Plattform zu sehen sein. Das hat den Vorteil, dass deine Fans dich sehen und denken „man, du bist ja überall, wie cool ist das denn!“

Am besten eignen sich für‘s Veröffentlichen Plattformen, die etwas mit Suchmaschinen oder Email zu tun haben. Suchmaschinen haben den Vorteil, dass du „Evergreen Content“ erstellen kannst, also Inhalte die du einmal produzierst aber immer wieder durch die Suche gefunden werden. Die drei größten und besten Suchmaschinen für‘s Veröffentlichen von Inhalten sind Google, YouTube & Apple Podcasts.

Um in Google aufzutauchen bauen wir uns einen Blog. YouTube ist für Video (wirklich Sam?! Heute Nacht mit Sherlock Holmes geschlafen?). Über deine

Videoausrüstung brauchst du dir keine sorgen zu machen. Ich kenne sehr erfolgreiche Kanäle, die schon mehr als 800k Abonnenten haben und noch immer mit dem iPhone filmen. Podcasts kannst du mit einer einfachen Smartphone App auf **anchor.fm in** unter 120 Sekunden hochziehen.

Auf der anderen Seite kannst du auch einen Email Newsletter veröffentlichen und an deine E Mail Abonnenten, die du wie deine 1000-true fans (deine besten Freunde, die dir ans Ende der welt folgen) behandelst. Schicke ihnen immer deine besten Inhalte und verkaufe ihnen von Zeit zu zeit Produkte um einen Schritt näher zu dir zu kommen.

Ich empfehle ganz klar mindestens eine der Suchmaschinen zu nutzen und sie mit E Mail zu kombinieren.

Die Strategie ist simpel und effektiv zugleich. Wir erstellen als kleine Challenge ab heute einen 90 Tage Plan, in der wir täglich Inhalte in unserer Power Nische über bekannte Probleme veröffentlichen. Das machen wir nicht für andere, sondern für uns und um unsere Stimme zu finden.

Um jetzt Leute auf die Email Liste zu bekommen und zu unseren 1000-True-Fans zu machen, müssen wir einmal pro Inhalt kurz erwähnen, dass wir auch eine Email Liste haben. Am einfachsten geht das, wenn wir den Lesern, Zuhörern oder Zuschauern etwas im Austausch gegen ihre E Mail geben.

Das ganze nennt man im Online Marketing eine ethische Bestechung. Hierbei werden die Kontaktdaten z.B. Gegen ein kostenloses Video, PDF, Training, Beratung oder ähnliches getauscht. Wichtig hierbei ist nur, dass es Mehrwert für den Interessenten erzeugt und nicht für jeden zugänglich ist. Wenn dein Blog Post z.B. Über „5 Lebensmittel die du nicht essen darfst, wenn du einen Sixpack willst" dann kannst du ihm ein kostenloses Video zeigen, indem er 3 Übungen schnelle Fettverbrennung bekommt. Dieses Video darf auch gerne ein Verkaufsvideo sein.

Ich mache das bei physischen Produkten in den meisten Fällen so, Dass Ich meine Fans durch Mehrwert überwältige und in meine Inhalte meine Produkte aus dem Shop einbaue. Ein Guter Titel wäre z.B. „5 Schritte mit denen ich durch Saftfasten 15kg in 90 Tagen verloren habe ohne mich durch eine Diät zu quälen".

Im Post kann ich dann z.B. Einen Entsafter als „3. Schritt" empfehlen, den man in meinem Shop kaufen kann. Der Kreativität sind hier keine Grenzen gesetzt. Achte aber bitte darauf, dass du kein Pitchfest aus deinem Content machst, denn das wirkt sehr abtörnend. Am einfachsten machst du das, indem du einfach sagst: *„ach übrigens habe ich noch Produkt X das dir hilft Y in der Hälfte der Zeit zu erreichen. Hier kannst du es mal ausprobieren. Lass mich wissen ob du es genauso feierst wie ich."*

*Wenn du das mindestens 90 Tage lang gemacht hast, kannst du dir sicher vorstellen, wie es abgehen wird… das ist ungefähr so als hättest du dich selbst mit 90 multipliziert und redest jetzt mit deinen Leuten. Ziemlich cool oder?*

Das ist der beste Weg um Traffic (=Besucher) zu bekommen, ohne Geld in Werbung zu investieren, denn alles was wir hier machen ist komplett kostenlos. So wirst du nicht nur Besucher bekommen, sondern du wirst auch mit jedem Inhalt den du veröffentlichst mehr zum Experte und auch von anderen als solcher angesehen. Wenn du also bedenken hast, dass du keinen Abschluss oder eine Ausbildung in diesem Bereich hast, kannst du diese jetzt ablegen. Der Fakt, dass du Inhalte zu einem Thema veröffentlichst ist der Grund warum du als Meinungsbildner wahrgenommen wirst.

Kennst du den Film „Catch me if you can" mit dem Forrest Gump typen und Leonardo Dicaprio? Leo spielt in dem Film einen Minderjährigen, der Scheckbetrüger ist und jahrelang nicht gefasst wird. Das macht er, indem er sich immer wieder verkleidet.. mal als Pilot, mal als Arzt.. Du verstehst schon oder?

Einmal hat er eine Tarnrolle als College Professor angenommen und hat 2 Semester lang fortgeschrittene Soziologie (kann auch ein anderes Thema gewesen sein, spielt aber keine Rolle) unterrichtet obwohl er selbst noch nicht mal das Wort kannte.

Als die Polizei ihn am Ende des films gefasst hatte, wurde er gefragt, wie er an der Universität so lange unterrichtet hat. Die Antwort ist erschreckend einfach: „Ich habe immer ein Kapitel vor allen Anderen voraus gelesen.“

Und genau so kannst du das auch machen. Es ist also völlig egal ob du Vorerfahrungen hast oder nicht. Lies ein Kapitel voraus und werde ein Experte auf dem Weg dorthin. Außerdem lernt man viel schneller indem man versucht es anderen beizubringen. Win-win für alle also!

## Dein 60 Tage Publishing Plan

Hier kommt mein absoluter Favorit. Ich denke wenn du diesen Plan umsetzt, wird sich der Kauf dieses Buches mehr als nur bezahlt machen. Mit diesem Veröffentlichungsplan schaffst du es, mit kostenlosen Methoden zukünftige Kunden auf dich aufmerksam zu machen.

Um so einen Plan zu erstellen braucht es nicht viel, will

aber gekonnt sein. Das einzige das du brauchst ist die kostenlose App Trello. Es ist ein Karteikarten basierter Aufgabenplaner.

Der Sinn dieser 60 Tage Challenge ist es einen riesen Schritt zu machen. Wir wollen außerdem Momentum aufbauen. Das heißt, wenn wir diese Challenge durchhalten, wird es wirklich einfach für uns sein, das Business am laufen zu halten, weil wir eine art Gewohnheit etabliert haben.

60 Tage ist der perfekte Zeitraum, weil man auf jeden Fall Resultate sehen wird. Es ist nicht möglich keine Resultate zu erzielen, wenn man sich 60 Tage lang dazu verschreibt sein bestes zu geben.

Als erstes brauchst du ein paar Grundbegriffe, nach denen die Leute in deinem Markt suchen. Nehmen wir wieder Saftfasten, weil wir Entsafter verkaufen wollen.

Also suchen wir auf Buzzsumo.com alles nach Saftfasten ab was wir finden. Jede mögliche Variation die wir uns vorstellen können. Das coole an Buzzsumo.com ist, dass es virale Artikel heraussucht, von denen wir uns inspirieren lassen können. Also qualitativ hochwertiger Inhalt und das vom Feinsten.

Am besten wäre es wenn du jetzt minimum 60 Überschriften gesammelt hast. Falls du das nicht geschafft hast, ist das kein Problem, nutze den Google Keyword Planner oder andere kostenlose Keyword Recherche Tools um Ideen für Suchanfragen zu finden. Diese gibst du dann einfach wieder bei Buzzsumo.com ein. Wiederhol den Prozess so lange bis du die 60 Tage Challenge mit Inhalten füllen kannst.

An der Stelle muss ich nochmal kurz einwerfen, dass dir hier nur Blogartikel angezeigt werden. Du musst nicht unbedingt Blog schreiben. Du kannst die Überschriften/ Titel auch für deine Podcasts und Videos nutzen.

## Buyer Intent Content

Wenn du beginnst deinen Content zu planen, ist es wichtig, dass du nicht nur "Wie Man"- Titel verwendest. Diese sind zwar sehr beliebt, sorgen aber für relativ wenige Verkäufe im Vergleich zu "Review" oder "Vergleich" Titeln.

Das ist ist auch ganz logisch, denn jeder Mensch hat eine bestimmte Absicht im Leben. Wenn ich auf Google eingebe "Sony Kamera Review" oder "Beste Sony Kamera" dann bin ich mehr darauf aus eine Kamera zu kaufen als würde ich eingeben "Fotografie Tipps". Verstehst du?

Für dich heißt das einfach, dass du nützliche "Wie man..." Inhalte erstellen solltest um Mehrwert zu liefern und ab und zu einen Vergleich oder ein Review machen sollst. Natürlich hast du die Produkte die du empfiehlst in deinem Online Shop oder nimmst Affiliate Produkte (wenn du keine Möglichkeit auf Dropshipping, Private Label oder Herstellung hast).

Buyer Intent Content ist wirklich gut um schnell an Geld zu kommen, denn es reichen schon wenige Aufrufe um Verkäufe zu erzielen. Das liegt schlichtweg daran, dass der Kunde schon eine Reise hinter sich hat. Er hat sich bestens informiert und wiegt nur noch ab, welches Produkt das bessere für ihn ist. Deshalb sind z.B. auch Review Kanäle auf YouTube so beliebt, denn sie machen hohe Umsätze. Was diese nur falsch machen ist, dass sie nur Amazon Affiliate Links promoten und nicht ihre eigenen Shops bauen.. Das ist mir ein völliges Rätsel, denn mit Shopify ist das echt einfach. 5-10% von Amazon bekommen oder den vollen Verkaufspreis abzüglich der Produktkosten durch den eigenen Shop bekommen ist schon ein Unterschied. Und ja wie gesagt.. Sollte es nicht anders möglich sein, sind Affiliate Links KEINE Schande.

Ich finde wir sollten uns als nächstes über dich und dein Auftreten kümmern. Immerhin willst du ja auch professionell und irgendwann mal auch als hochwertige

Marke wahrgenommen werden oder? Im nächsten Kapitel verrate ich dir, wie man mit Dropshipping eine Milliarde Umsatz in nur einem Jahr machen kann. Richtig gelesen. Das sind tausend mal die Millionen.

# Kapitel 3 - Deine Brand

Ich sehe das Thema Branding Anders als in jedem anderen Marketing oder Erfolgsbuch. Branding ist so viel mehr als nur ein hübsches Logo und Ein Paar Farben, wie du gleich feststellen wirst. Die Power einer eigenen Brand wird dir dabei helfen langfristiges Wachstum und Stabilität von Anfang an aufzubauen.

Wenn du mich fragst ist Branding nach dem ersten Kontakt, den dein Kunde mit dir im Business hat einer der wichtigsten Faktoren. Dein Branding entscheidet meist sogar darüber ob du jemandem sympathisch bist oder nicht.

## Die Schöne Und Das Biest

Wir haben hier eine kleine Geheimwaffe, weil nur wenige davon wissen, wie wann der entscheidende Zeitpunkt ist, um unbranded aufzutreten und wann es dir mehr Geld bringt, wenn du als deine Brand auftrittst.

Es gibt zwei Wege, wie du eine Werbekampagne starten kannst. Einmal volle Pulle mit deiner Marke führen oder einfach komplett dein Branding außen vor zu lassen. Was ich empfehle ist immer, dass der Erstkontakt immer über die Andere Person gehen sollte, also ist dein Branding hier erstmal zweitrangig. Also ein eine Kombination aus beidem.

Deine Landingpages sollten z.B. Kein Logo oder besonderes Styling enthalten, das auf deine Marke schließen lässt. Du solltest vielmehr alles daran setzen, mit dieser Landingpage so viel Conversions (Verkäufe) zu bekommen, wie es nur geht. Optimiere wöchentlich und teste die gewinnende Version dann einmal gegen eine mit deinem Branded Design.

Ich nenne das den „Schöne und das Biest“-Test. Meiner Erfahrung gewinnt hier das hässliche Marketing Biest.

Nach dem Verkauf will ich aber in der Regel immer die Schöne nutzen um meinen Kunden zu verzaubern. Er soll ja immer und immer wieder kommen. Wenn du also eine Landingpage für deinen hochgradig gebrandeten Shop aufsetzt, dann Probier doch einfach mal aus, eine ultra hässliche Landing Page davor zuschalten, die mehr auf die Inhalte fokussiert als auf das design.

## Wie Du Aus Persönlichkeit Eine Brand Machst

Wusstest du, dass Subway eigentlich Diätnahrung ist? Völlig verrückt oder, weil es ein stinknormaler Sandwichladen ist.. zumindest in meinen Augen. Genauso haben es die Kunden von Subway damals auch gesehen. Einfach nur Sandwiches.

Aus diesem Grund, war die Beliebtheit früher nicht besonders hoch. Das alles änderte sich, als sie 2 entscheidende Dinge getan haben. Als erstes haben sie nach einer coolen Story gesucht, mit der sie viel Aufmerksamkeit bekommen. Das zweite ist ein Held, der Geschichte schreibt.

Die Marketer von Subway sind super kluge Leute, deshalb haben sie einen sehr dicken Mann namens Jared über Monate mit Kostenlosen Subway sandwiches versorgt. Der haken war aber dass dieser nur eine bestimmte Kalorienmenge essen durfte, denn sie wollten, dass er mit den Sandwiches abnimmt. Was er auch tat.. Jared ist heute spindeldürr.

Als subway mit der Story an den Markt ging, änderte sich alles für sie. Sie haben nicht nur ihre Farben, designs und ihr „mission statement“ geändert, sondern haben der Marke ein Gesicht und eine Geschichte gegeben. Die Kunden wollten von da ab sein wie Jared und die Company konnte wachsen bis zum geht nicht mehr.

Die natürlich Frage ist jetzt an dieser stelle, dass du nicht glaubst, dass du einen Charakter darstellst, der für andere als attraktiv oder interessant angesehen wird oder?

Lass mich dir hier kurz helfen... Es gibt nämlich 5 Storylines, die dir dabei helfen ein wahrer Held für deine Kunden zu werden.

## Der Abenteurer / Das Menschliche Versuchskaninchen

Das menschliche versuchskaninchen ist die einfachste Form für den Beginner im Ecommerce und Online Business allgemein. Diese Rolle ist sehr ehrlich und wird von Kunden als super authentisch wahrgenommen. Wie ein Abenteurer, der auf große reisen geht, teilst du alles was auf deinem Weg passiert mit deinen Fans. Du kannst auch ein bisschen extremer werden und einen auf Tim Ferriss machen und zum menschlichen Versuchskaninchen werden. Wichtig ist nur, dass du immer schön transparent zeigst, was du hier machst und welche Resultate bekommst.

Wenn du Entsafter verkaufen willst, kann deine Identität so aussehen.. „Ich bin auf der Reise zum perfekten Adoniskörper, denn ich will einen Waschbrettbauch. Das alles will ich mit Saftfasten erreichen. Alles was ich auf dem Weg lerne und erlebe teile ich mit dir, damit du mich auf meiner Reise begleiten kannst."

## Der Held Wider Willen

Der Held wider Willen ist meine Persönlichkeit. Ich habe

eigentlich gar keine Lust, gerade ein Buch zu schreiben, ein Training für dich abzudrehen oder nachher noch ein 1zu1 Coaching zu geben aber ich muss es einfach machen. Ich weiß ganz genau, wie vielen Menschen ich damit helfen kann. Es ist meine ethische und moralische Verpflichtung das zu tun. Die meisten DC und Marvel Superhelden sind Helden Wieder ihres eigenen Willens.

Der Held wider Willen ist eine Persönlichkeit, die etwas schwieriger ist und sollte daher erst genommen werden, wenn du etwas weiter im Business bist und zeigen willst, wie andere dahin kommen, wo du gerade bist. „Hey Leute, ich hab den Mount Everest erklommen, soll ich euch den einfachen Weg zeigen?“

## Der Reporter

Diese Persönlichkeit eignet sich super gut, wenn du schnell mit vielen Experten zusammenkommen willst. Das ist der einfachste Weg um extrem viel Autorität in deiner Nische zu bekommen. Auch Partnerschaften können sich hier schnell entwickeln, weil menschlicher Kontakt immer am besten ist, um Leute dazu zu bringen an deinen späteren Promotions mitzumachen. Das Coole beim Reporter ist, dass du dir von jedem Experten, mit dem du dich sehen lässt, etwas von seiner Autorität klaust.

Berühmte Persönlichkeiten wie Larry King, der Night Show König haben das verstanden. Auch viele Podcaster interviewen viele Experten in ihrem Feld um Inhalte zu erstellen. Es ist super interessant und du musst nicht mal deinen eigenen Content erstellen. Hier bieten sich auch viele Affiliate Marketing Möglichkeiten, indem du die Produkte deines Gastes empfiehlst. Win win für alle. Der Reporter ist auch eine der Persönlichkeiten, die für anfänger sehr leicht umsetzbar ist.

Eine mittlerweile gute Freundin von mir, Katja Jäger, hat mit dieser Persönlichkeit in 14 Tagen über 50k Umsatz gemacht, weil sie über 30 Experten zu einem Thema interviewt hat und deren Produkte in den Interviews Gepitcht hat. Die Aufzeichnungen der Interviews konnte sie auch für 40€ verkaufen. Super profitabel also.

Wenn du jetzt deinen Entsafter verkaufen willst, mach das selbe wie Katja und interviewe ab sofort Experten im Gesundheitsbereich, mit einer großen followerzahl. Wichtig ist einfach nur dass sie mehr follower haben als du.. sonst bringt das ja nicht viel.

## Der Leader

Die Deutschen sind hier vorbelastet und denken nicht mal an diese Möglichkeit. Der Liebe Adolf hat es vorgemacht, wie mächtig so eine Person ist. Jesus hat es vorgemacht, Gandhi hat es vorgemacht. Eigentlich jede große Persönlichkeit, die die Massen bewegt hat.. zu gutem oder schlechtem ist mal dahingestellt. Von grausamen

Taten bis hin zu ganzen positiven Bewegungen zur Erlösung der Menschen kann der Führer alles erreichen.

Boah dieses Kapitel klingt als wäre ich der letzte Nazi.. oh man. Sollte ich es vielleicht Löschen? Nein, der Inhalt ist zu wichtig. Ich muss ihn dir klarmachen, damit du verstehst wie du in die Rolle des Leaders schlüpfen kannst.

Viele Network Marketing Companies nennen ihre Top Verdiener immer wieder Leader oder Führer. Das hat auch einen Grund. Wenn sie anfänger zu mehr Verkäufen von ihrem Partnerprogramm verhelfen, wachsen sie selber.

Stell dir vor, du führst deine Leute ins gelobte Land. Wie sieht das gelobte land aus? Welches Resultat gibt es in diesem? Du sagst selber NICHT, dass du schon dort bist aber gehst gemeinsam mit deinen Jüngern dort hin. Egal ob ihr auf dem Weg durch die Wüste oder durch Disneyland geht. Du führst und sie gehen dir Nach.

„Mein Name ist Fred Fisch und gemeinsam gehen wir dem Weg zum Traumkörper. Ich zeig dir den Weg zum Sixpack und du folgst mir einfach. Durch gemeinsames Saftfasten schaffen wir es auf jeden Fall!“ Danach verkaufst du deinen Entsafter.

# Falsche Glaubenssätze Brechen

Glaubenssätze sind die Steuereinheit eines jeden Menschen. Sie sind wie die Software auf deinem Computer. Jeder Mensch hat falsche Glaubenssätze zu einem bestimmten Thema. Das ist auch der Grund dafür, warum die meisten noch nicht dort sind, wo sie gerne hinmöchten. Viele bezeichnen diese im Verkauf auch als Einwände aber was ich festgestellt habe, ist dass es meistens kein Einwand ist, sondern eine feste Überzeugung, die der Kunde gegenüber bestimmten Dingen hat.

Deshalb ist es unsere moralische und ethische Pflicht dies zu ändern, wenn wir glauben, dass unser Produkt von massivem Mehrwert für ihn ist und seine Welt verändern kann.

Bevor wir aber einen falschen Glaubenssatz brechen können, müssen wir erstmal wissen, was dieser ist. Logisch oder? Das kann ziemlich schwierig werden, deshalb versuche ich es immer so simpel wie möglich zu machen. Ich suche mir immer nur einen einzelnen Glaubenssatz und breche diesen als erstes. Stell dir vor du würdest den ersten Dominostein umwerfen und damit eine Lawine an steinen umhauen. Das versuche ich. Ich frage mich:

*„Was ist die eine Sache, die meinen Kunden vom Kaufen*

*abhält, dass wenn es sie nicht mehr gibt, er nur kaufen kann, weil alles andere für ihn dadurch entweder einfacher oder unnötig für ihn wird.“*

Du kannst natürlich umfragen, google Recherchen oder in Communities wie z.B. Facebook Gruppen nach antworten auf diese Frage suchen. Wenn du dir zu 80% sicher bist, weisst du wie du im nächsten Schritt deine Superhelden Geschichte schreiben musst um diesen falschen Glaubenssatz zu brechen und mit deiner Wahrheit wieder aufzubauen. Die anderen Antworten, Einwände etc. die du bekommen hast, kannst du natürlich in deine Geschichte sprenkeln um etwas mehr auf die Schmerzpunkte zu drücken.

## Deine Superhelden Geschichte

Jetzt da du weißt, dass du dich für einen der Charaktere entscheiden und sie perfekt spielen kannst, ist es genauso wichtig, dass du eine eigene Geschichte hast.

Jeder Superheld hat eine Vorgeschichte, die ihn zu dem gemacht hat, der er ist. Bevor Spider-Man Fäden verschossen hat, war er ein einfacher Student, der bei seiner Tante und seinem Onkel lebt. Als er klein war sind seine Eltern gestorben und er versucht einfach sich durchs leben zu boxen. Als er in der Universität bei einem Gen-Experiment eines anerkannten Wissenschaftlers kurz tollpatschig wird, wird er von einer genmanipulierten Spinne gebissen, die seine DNA verändert und ihm ein kleines Upgrade gibt.. und so weiter.

Wenn er einfach nur Fäden schießen würde, wäre es super langweilig oder? Die Fans erleben seine Welt, seine UPS und DOWNs. Wie denkt er? Was macht er gerade durch? Durch diese Story hat Spidy extrem viele Fans gewonnen. Die Menschen lieben ihn einfach, weil sie eine persönliche Bindung und Vertrauen zu ihm aufbauen.

Was ist deine Geschichte? Was hat dich auf den Weg des Abenteurers/Führers/Helden/Reporter gebracht?

Gib mir jedes Business auf der Welt und ich verzehnfache die Umsätze in den nächsten 2 Jahren mit einem Helden mit einer richtig guten Geschichte. Menschen stehen auf diese Vorbildcharakter und deshalb ist es für uns als Marketer extrem wichtig, Storytelling zu beherrschen.

In diesem Kapitel gebe ich dir eine ganz grobe Formel, mit der du ganz schnell deine eigene Geschichte schreiben kannst. Wenn dir das zu schwer ist, oder du einfach extrem schnell sein willst, empfehle ich dir an der Stelle meine Software Scriptlabs, mit der du das in wenigen Minuten hinbekommst.

Deine Geschichte sollte aus Hintergrundgeschichte,

Wünschen, Ausreden/Zweifel, Problemen, Erleuchtungen, Plänen, Konflikten, Resultaten & einer Transformation bestehen. Also 9 Phasen die du durchläufst. Die Geschichte kann so kurz oder lang gemacht sein, wie du es möchtest. Du kannst sie in 2 Minuten oder in 2 Stunden erzählen. Das ist dir überlassen.

Ich mache dir einfach ein Beispiel hier und du kannst es dann für dich abwandeln. Ich erkläre das einfach mal am Beispiel von Jeff, dem Veganen Entsafter Guru.

**Hintergrundgeschichte**: Ich war ein LKW Fahrer, der 45 Kilo Übergewicht hatte und täglich nur bei den kleinsten Anstrengungen schon aus der puste kam. Frauen haben mich nicht interessiert, denn ich war sehr dick und dachte Dates und romantische Beziehungen wäre nur für schlanke Männer.

**Wünsche**: Ich wollte unbedingt abnehmen, um mich wieder wohl zu fühlen, endlich eine Partnerin kennenlernen und um einem möglichen Herzinfarkt zu entkommen.

**Ausreden & Zweifel:** Ich glaubte nicht mehr an mich oder irgendeine Diät, denn bislang hat nichts funktioniert. Weil ich viel fahre und kaum zeit habe, kann ich sowieso keinen Sport machen oder mich an eine langfristige Ernährungsumstellung halten.

**Problem (größtes Hindernis**): Als mir mein Doktor sagte, dass wenn ich so weiter mache ich nicht nur extrem viele Hautrisse bekomme, sondern auch bald sterben werde, weil ich eine verfettete Leber habe brach für mich die Welt zusammen. Er sagte außerdem Dass Ich für sport schon zu dick bin und meine Gelenke davon zerstört werden würden. War das mein Todesurteil?

**Erleuchtung**: Weil ich nicht sterben wollte durch mein krankhaftes Essverhalten und den Bewegungsmangel, suchte ich einige Wochen nach einer Lösung und entdeckte, Dass Ich mir einfach Gemüse entsaften könnte und somit täglich mehr als 3kg gesunde Nahrung auch unterwegs zuführen könnte. Das veränderte alles.

**Plan**: Von da an hab ich angefangen auf meinen Fahrten Gemüsesäfte zu trinken. Ich fühlte mich wirklich besser. Vor allem Mental, ich hatte wieder Energie. Aber abgenommen habe ich noch nicht.

**Konflikt**: Weil ich noch nicht abgenommen hatte, dachte ich, dass das ganze nur eine kleine Pille gegen den schmerz ist aber nicht die Ursache bekämpft. Ich habe mich gefragt was ich falsch mache, denn jetzt ernähre ich mich doch schon gesünder und meine Mentale Fähigkeiten verbessern sich ja auch - sowie meine Haute auch. Warum nehme ich dann nicht ab?

**Resultat**: Als ich herausfand, dass das Geheimnis das

Fasten mit gesunden Säften war änderte sich alles und ich verlor im ersten Monat satte 12kg! In den nächsten 6 Monaten konnte ich fast mein ganzes Gewicht was überschüssig war verlieren und das ohne zu hungern oder meine Gelenke durch Joggen zu zerstören.

**Transformation**: Durch das Saftfasten konnte ich nicht nur abnehmen, sondern fühlte mich auch wieder wohl in meiner Haut. Ich konnte auch erste versuche wagen Frauen anzusprechen und ob mans glaubt oder nicht.. heute habe ich mein erstes Date.

Hast du gesehen was ich hier in dieser Geschichte gemacht habe? Ich habe die falschen Glaubenssätze vieler übergewichtiger Menschen gebrochen und wieder so aufgebaut, dass sie davon überzeugt sind, dass Saftfasten die einzige Möglichkeit auf den Abnehmerfolg ist. Wenn du an der stelle durch diese kleine Geschichte abnimmst, schick mir ein Testimonial.. das wäre echt cool, wenn dieses Buch nicht nur im Business hilft, sondern auch andere Bereiche verbessert.

Wichtig ist einfach, dass du dich an genau diese Struktur hältst. An jedem Unterpunkt kann ich mehr details teilen oder welche wegnehmen. Dadurch verändert sich natürlich die Länge der Geschichte. Wenn du richtig gut bist, machst du vorher eine Umfrage und schaust, wo deine Zielgruppe Probleme und wünsche hat etc. um das in deine persönliche Geschichte einzubauen und zu tunen. So sprichst du die Menschen nicht mehr logisch an, sondern knipst den Denkapparat aus und gehst direkt über ihre Emotionen. Du berührst ihr Herz und sie werden Superfans! Jetzt ist der perfekte Zeitpunkt um dein unwiderstehliches Angebot zu präsentieren. Wie du das machen kannst verrate ich dir im Kapitel über „unwiderstehliche Angebote."

Ich habe mit Storytelling hunderte von tausende Euros und Dollars in wenigen Wochen nach Veröffentlichung meiner Geschichten umgesetzt und das kannst du ab jetzt auch. Wenn du möchtest, kannst du auf meinem deutschen Coaching YouTube Kanal mal schauen wo ich solche Geschichten benutzt habe und mir dann eine Email oder auf Facebook schreiben wenn du eine entdeckt hast und was du daraus mitgenommen hast. Würde mich freuen.

## Deine Designs & Dein Name

So.. siehst du wie viel getan werden musste um hierher zu kommen? Andere fangen genau hier an und hören dann auch wieder hier auf. Dein Logo, deine Farben und dein Company Name. Echt jetzt? Der Reihenfolge nach im Branding Kapitel siehst du schon, dass design, Logo & Name eher an letzte stelle stehen und diese nicht so wichtig ist. Das einzige worauf du achten musst, ist dass deine Farbe gut zusammen passen, das kannst du einfach mit dem kostenlosen Adobe Color Wheel machen, wo du dir eine Grundfarbe und zwei Akzente aussuchst. Das wars.

Bei deinem Logo schaust du einfach was dir gefällt und eher schlicht ist. Ich mag es nicht große Icons zu nutzen, deshalb nehme ich meist einfach ein Typeface logo (nur Text). Wichtig ist zu beachten, dass es nur auf einer Zeile ist, denn das log sitzt wo? Richtig in der Navigation deiner Website. Und wenn das logo über mehr Zeilen geht, wird diese immer dicker und drückt den Inhalt deiner Seiten weiter nach unten. Das hat dann den Nachteil, dass du weniger Verkäufe machen wirst. JA, LOGOS MACHEN WENIGER VERKÄUFE!

Auch wenn sie geil aussehen, solltest du es immer schön schmal halten. Wenn du unbedingt ein kleines Icon haben willst im Logo, mach es nicht über das logo sondern links daneben. Dann hast du alles richtig gemacht und wirst dadurch nicht unnötig Platz verschwenden.

In den meisten Fällen empfehle ich keinen Company Namen zu nehmen, sondern deinen eigenen. Das nennt man dann personal Brand. Das ist einer der Stärksten Branding Faktoren, den du haben kannst und ich habe die Strategie dahinter im Publishing Kapitel ausführlich erklärt. Kauf dir einfach hier eine domain wie z.B. DeinName.com In meinem Fall wäre das www.sampeiffer.com.

Deine Company kannst du dann immer noch anders nennen. Wichtig ist nur, dass du nach aussen hin persönlich auftrittst. Wenn du einen Test-Onlineshop zum testen von Produkten nehmen möchtest, damit du sie nicht vorher unter deiner Marke verkaufen musst, kannst du das natürlich machen. Hier kannst du dann sowas wie „dailyjucingdeals.com" nehmen oder so. Je nach nische die du bedienen willst.

## Professionelle Produktbilder Machen Ohne Ein Fotograf Zu Sein Oder Auf Lizenzfreier Bilder Zurückzugreifen

Ich bin der festen Überzeugung, dass ein gutes Bild deines Produkts in Anwendung nicht nur deine Shopseiten/Funnel/Websites schöner machen, sondern auch deine Conversion (Prozentzahl der Käufe) erhöhen werden. Nicht nur ein bisschen, sondern wirklich gravierend.

Du hast sicher schonmal Shops gesehen, in denen die Produktbilder in schlechter Qualität waren oder wo sogar in den Bildern Asiatische Zeichen waren.. das sind doch keine seriösen Bilder, die Vertrauen aufbauen oder? Die meisten starten im Ecom mit Dropshipping und nutzen deshalb in 95% der Fälle noch die Produktbilder der Lieferanten, was mich traurig macht.

Sie sabotieren damit ihren eigenen langfristigen Erfolg. Wie sollen wir etwas besonderes sein und eine Marke langfristig aufbauen, wenn wir Bilder nutzen, die alle haben - auch die Konkurrenz?

Du musst stattdessen selbst deine Produkte für deinen Shop fotografieren, bearbeiten und hochladen. Die Technik ist so weit fortgeschritten, dass du das schon mit deinem Smartphone machen kannst. Ganz ehrlich, es gibt Bilder, bei denen dir der Mund offen steht, weil sie so geil aussehen und du würdest bei diesen niemals denken, dass sie auf einem Smartphone geschossen wurden. Auch Einsteigerkameras werden immer günstiger die Tage. Was früher 2.500€ gekostet hat ist mittlerweile in anfänger Kameras für unter 500€ verbaut.

Das coole bei der Produktfotografie oder beim Fotografieren allgemein ist, dass man mit Ein Paar einfachen und kostenlosen Techniken extrem professionelle Resultate erzielen kann. Über abstand zum Hintergrund, Tiefenschärfe und richtige Inszenierung mit Accessoires kann sehr viel herausgeholt werden. Wenn dann auch noch Winkel und das Licht stimmt, kann dir nichts im Weg stehen.

Dies ist ein Thema für sich und ich möchte dich einladen, auf meiner Website ein kostenloses Training zu besuchen um zu lernen, wie auch du deine Produktbilder auf das nächste Level bringen kannst ohne einen Fotografen anzustellen.

Besuche: ecommerceblackbook.com/boni

Was du heute machen kannst, wenn du gerade am Dropshipping Business arbeitest?

Bestell deine Produkte mal selber und mach Ein Paar Fotos in derselben Szenerie. Mach Ein Paar in denen du zeigst, wie man sie anwendet und Ein Paar vom Produkt selbst. Das Produkt in Anwendung ist ein wahrer Conversion Booster, denn Menschen kaufen immer das Resultat, das sie durch das Produkt bekommen und nicht das Produkt selbst. Du möchtest ja nicht unbedingt die Bohrmaschine, sondern das loch in der Wand, oder? Wenn du Hunger auf Burger hast, juckt dich doch nicht die Burgerpresse, sondern der Fakt, dass sie dir Fleisch in perfekter Form auf deinen Grill zaubert. So einfach ist es.

Du kannst natürlich auch kleine Demo Videos drehen und zusätzlich zu jedem Produkt neben den hochwertigen Bildern anbieten. Das hat dann den Vorteil, dass du deine Kunden auf eine Erlebnisreise durch die Produktnutzung mitnimmst. Ich liebe diese Kreativarbeit und es ist wirklich einer der erfüllendsten Bereiche im Ecom Business, weil du dich komplett austoben und deinem Geist freien Lauf lassen kannst. Spürst du schon die Freiheit?

## 5 Schritte Zu Umwerfenden Produktbildern

Wer hohe Conversion Rates haben will braucht auch anständige Produktbilder. Wenn du keine professionelle Kamera hast, reicht dein Smartphone. Diese simple Formel, die ich dir jetzt beibringe sorgt dafür, dass du deine Produkte optimal ablichtest um mehr Verkäufe zu erhalten.

### Am Anfang Das Ende Im Sinn

Wenn du deine Bilder schießt denke immer daran, wie es später in deinem Shop dargestellt werden soll. Passt ein quadratisches Format besser als ein 4:5? Schau am besten, welches Format dein Theme dir empfiehlt und nimm dann dieses als Grundlage, denn das sieht meist am besten aus.

Wenn du die Bilder auch für Social Media nutzen willst empfehle ich dir immer das Format zu nutzen, das den meisten Platz einnimmt. Auf Instagram ist das aktuell 4:5, welches beim Smartphone den kompletten Bildschirm mit deinem Bild verdeckt. Je mehr Platz desto besser. In der

Regel mache ich immer eine 4:5 und eine 4:4 Version meiner Bilder, nur um sicherzugehen. Ich schneide einfach in Photoshop zu und das war's.

## Texturen Sorgen Für Emotion

Was dich massiv von anderen Online Shops abheben wird sind Texturen. Sie machen deine Brand aus. Apple nutzt meist einfach eine blanke weiße oder schwarze oberfläche um elegant zu wirken. Manchmal gibt es noch einen "Weltraum"-Hintergrund um das futuristische Design hervorzuheben.

Wenn du aber beispielsweise Reiseequipment verkaufst, kann es sinn machen bewusst Texturen zu wählen die Reisefreude hervorrufen. Du könntest deiner Kreativität freien Lauf lassen und einen auf Route 66 machen. Das heißt dekoration zu besorgen, die deine Kunden ein Gefühl geben, als würden sie mit deinen Rucksäcken die Route 66 bereisen. Was fällt dir spontan ein? Mir fallen Tankstellen, abgeranzte Blechschilder, Burger, Bier, Bikes, alte Autos und Kakteen ein. Diese gilt es dann in deine Bilder so einzubauen, dass sie das Feeling um dein Produkt unterstützen.

Dadurch dass du eine Emotion mit diesen Texturen erzeugst, bekommen die Kunden dieses Reiseshops Lust, die Route 66 (oder etwas Anderes) zu bereisen und da der beste Reiserucksack angeboten wird, kaufen sie diesen um die Reise zu beginnen.

## Komposition Sorgt Für Harmonie & Wohlbefinden

Ein gut in Szene gesetztes Bild ist 80% des Erfolgs. Und genau deshalb ist es nicht wichtig eine Hi-End Kamera zu nutzen - schadet aber nicht. Ich empfehle dir alles über die “Zwei Drittel Regel” oder zu Englisch “Rule Of Thirds” zu lernen, was du im Internet finden kannst.

Wenn du es aber eilig hast, schau dir dieses Bild an und platziere dein Produkt/Model auf den Schnittpunkten hier um die ⅔ Regel anzuwenden.

Das sorgt dafür, dass deine Bilder sofort stimmig aussehen und professionell wirken. Egal welches Format du am Anfang gewählt hast, du legst einfach die Stelle deines Produktes die du hervorheben willst auf einen dieser Punkte im Bild.

## Licht Lässt Deine Bilder Hochwertig & Edel Aussehen

Einfach nur dein Produkt hinlegen, Kamera rausholen und draufdrücken reicht nicht. Selbst wenn du jetzt schon Komposition und Texturen drauf hast, kannst du mit dem falschen Licht alles versauen. Keine Sorge auch hier brauchst du kein super hochwertiges Licht Setup wie du es aus Hollywood filmen siehst. Es gibt auf Amazon ganze Ausrüstungssets für weniger als 100€ und einzelne Lichter für um die 30€. Du kannst also schon ziemlich Low Budget starten. Bitte nutze diese nur drinnen. Draußen hast du die Sonne!

Ich empfehle dir mit so einem Set zu starten. Wenn du das aktuell nicht kannst, ist es auch nicht schlimm. Such dir das größte fenster das du hast und nutze dieses als Lichtquelle. Schieße niemals in richtung des Fensters, denn es wird mies aussehen. Schieße immer in den Raum hinein, das Licht wird so besser aussehen.

Ach ja, bevor ich's vergesse! Wenn du deine Produkte

Outdoor fotografieren willst, mache das niemals bei Sonnenschein. Das ist das schlimmste Licht für Fotos, denn es wirft harte Schatten. Nutze lieber leicht bewölkte Tage, da die Wolken das Licht der Sonne super weich und schön machen. Auf Fotos sieht das wahnsinnig gut aus. Wenn du einen eher romantischen und farbenfrohen Look haben willst, setze dich mal mit der “goldenen Stunde” auseinander und danke mir später.

Was musst du also tun, wenn du dir so ein Lichtset für Fotos und Videos besorgt hast? Als erstes natürlich aufbauen du Nase! Aber wie? Gut dass du fragst! Ich hoffe du hast dir ein Set ausgesucht, das schöne Softboxen hat. Meine Empfehlung findest du in den Ressourcen dieses Buches.

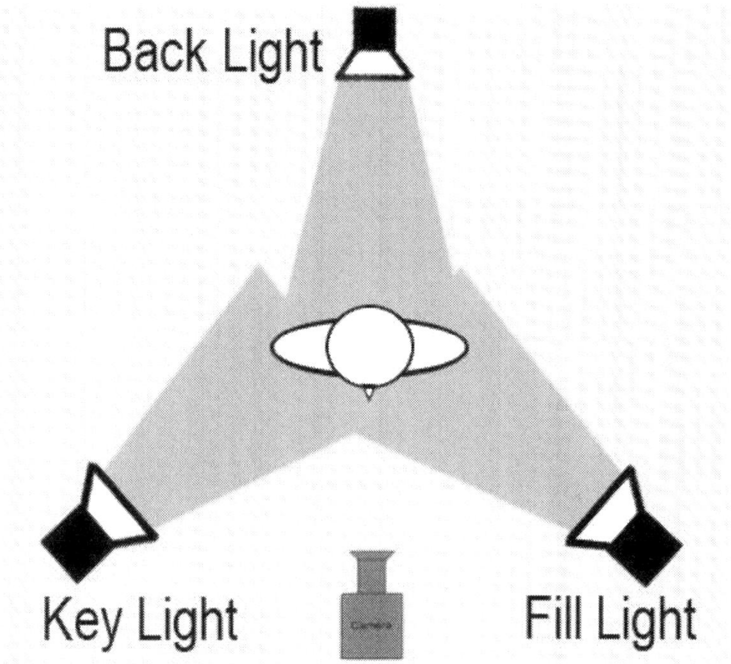


So sieht die optimale Lichtsetzung aus. Schau dass du diese nachbauen kannst. Das Fülllicht brauchst du nicht unbedingt. Du kannst probieren ob es dir mit oder ohne besser gefällt.

Ich empfehle den Raum komplett abzudunkeln und nur deine 3 Lichter anzustellen, damit der absolute Fokus auf deinem Produkt liegt und die anderen Lichter im Raum sich nicht mit dem hochqualitativen Licht vermischen und dein Foto ruinieren.

Je näher das Key Light (Hauptlicht) an deinem Produkt ist, desto besser wird das Licht sein und der Schatten wird super weich sein. Die Qualität wird so gut sein, dass du dich fragen wirst, wer eigentlich diese Bilder geschossen hat.

Klopf dir hier schon mal auf die Schulter, denn du hast soeben deine professionalität auf das nächste Level gebracht.

Wenn du richtig krass bist, kannst du probieren mit den Farbtemperaturen zu spielen. Das kann richtig Spaß machen, musst du aber üben. Am besten sieht es immer aus, wenn du Key und Fill Light wärmer machst und das Backlight eiskalt. Probier dich aus, Farbkontraste zu schaffen macht echt spaß, lass es nur nicht zu experimentell werden, es sei denn, es passt zu deiner Marke und dem Image das du ausstrahlen willst.

## Der Fallstrick: Kameraeinstellungen

Das gute an Kameras ist, sie funktionieren ALLE gleich. Jap, auch deine Smartphone Kamera. Falls dein Smartphone diese Einstellungen nicht hat, kannst du dir eine professionelle Foto App herunterladen, mit der das möglich ist. Diese sind in der Regel ziemlich günstig und ihr Geld absolut wert.

Es gibt drei Begrifflichkeiten die ich dir erkläre, damit du deine Kamera richtig einstellen kannst um schöne Produktbilder zu machen. Stell sie bitte genau in dieser

Reihenfolge ein.

## Blende

Abgekürzt mit einem kleinen f sagt dir dieser Wert, wie weit offen die Linse deiner Kamera ist. Wenn der wert klein ist z.B. f1.8, dann ist sie weit geöffnet und lässt viel Licht ins Bild. Das ist gut, wenn du in dunkleren Umgebungen Fotos machen willst. Hier wird auch der Hintergrund unscharf. So erzeugst du eine gewisse Tiefe im Bild und deine Fotos werden sehr hochwertig aussehen.

Wenn die Blende geschlossen ist kommt hingegen (und logischerweise) weniger Licht in deine Kamera. Da sorgt dafür, dass dein Bild komplett scharf ist, von der Mitte bis zum Rand. Außerdem kannst du so ausgezeichnet in hellen Umgebungen schießen oder vor einfarbigen Hintergründen. Dein Bild wird keine Tiefe haben.

## Verschlusszeit

Kennst du dieses “Klack” Geräusch von Kameras? Ja, genau das, das sich so cool anhört! Die Verschlusszeit macht dieses Geräusch entweder länger oder kürzer. Dabei kommt mehr licht hinein, wenn sie länger ist und weniger wenn sie kürzer ist. Ist auch logisch, denn es wird weniger licht eingefangen.

Wie kannst du das also zu deinem Vorteil nutzen? Wenn du gestochen scharfe Bilder haben willst und gutes Licht hast, kannst du ruhig eine richtige schnelle verschlusszeit wählen. **1/100 Sekunde** ist mal ein guter startwert. Das sorgt auch dafür, dass deine Bilder keine Bewegungsunschäfen haben, solltest du dein Produkt in Aktion fotografieren.

## ISO

Das ist ziemlich simpel. ISO ist nichts weiter als künstliches Licht. Wenn du die Zahl erhöhst, wird dein Bild heller. Pass bitte auf, dass du nicht gleich den ISO hochdrehst nur weil es dunkel ist. Versuch bitte erst mit Verschlusszeit und der Blende eine richtige Belichtung hinzubekommen und erst wenn es gar nicht mehr möglich ist, nimmst du den ISO dazu und erhöhst ihn. Warum? Weil die Bildqualität mit der erhöhten Zahl deutlich abnehmen kann.

**Bonustipp:** Sollten deine Bilder zu gelb, zu orange, zu grün oder zu magenta sein, dann kannst du den Weißabgleich deiner Kamera nutzen um realitätsnahe Farben zu bekommen. Setze ihn niemals auf AUTO, denn es kann passieren, dass deine Bilder verschiedene Farbtöne haben und somit in deinem Store unterschiedlich aussehen. Am besten du setzt ein festgelegtes Profil (eine Art Filter) damit du konstante Farbtöne hast. Du kannst auch die Farbtemperatur deiner

Glühbirnen einstellen, wenn du diese im Kopf hast. Ansonsten einfach mal fix Farbtemperatur googeln und an deine Situation anpassen.

Jetzt hast du alles was du brauchst um hervorragende Produktbilder und Videos zu machen. Gratuliere, du bist jetzt in der Oberliga angekommen und wirst dich von der Masse abheben! Du brauchst jetzt keine Lieferantenbilder mehr und musst auch keinen teuren Fotografen bezahlen, der dir für jedes Stündchen 180€ abknöpft (bei 50 Produkten + rechnet sich das schnell hoch).

# Kapitel 4 - Deine Traffic Strategie

Was ist eigentlich Traffic? Wie gut das du fragst Kumpel (oder Kumpeline)! Viele verwechseln ihn mit dem Verkehr auf der Straße.. naja nicht wirklich. Das habe ich gerade erfunden.

Traffic sind Menschen, die deine Websites besuchen und mit deinen Inhalten interagieren. In der Offline Welt, können das Menschen sein, die gerade in einen Ankleidegeschäft gehen oder ein Kaffeehaus besuchen.

Traffic ist der Schlüssel zu vielen Verkäufen in deinem Business. Je mehr du davon bekommst, desto besser (.. also irgendwie schon aber auch irgendwie nicht. Was ich meine erfährst du gleich).

Es gibt relevanten und irrelevanten Traffic. Das heißt im Grunde nichts anderes als dass es Menschen gibt, die ein Thema interessiert und einige, die es nicht interessiert (ich habe übrigens schon wieder mit Sherlock geschlafen).

Wenn du irrelevanten Traffic auf eine Verkaufsseite schickst, dann wirst du auch keine Verkäufe machen. Klingt logisch oder? Wenn du allerdings sehr relevanten Traffic hast und diesem eine Möglichkeit zum kaufen gibst, wird dieser eher ins tun kommen. Menschen, die

Bücher lesen, werden eher Bücher kaufen als der Filmliebhaber oder?

Ziel sollte immer sein, soviel relevanten Traffic zu bekommen, wie möglich. Viele machen es komplizierter als es ist. Traffic muss auch nicht generiert werden, wie viele denken. Menschen sind schon im Internet und suchen nach Lösungen für ihre Probleme. Wir müssen uns nur dort platzieren, wo viele Menschen sind. Wenn ein Baum in einem Wald fällt in dem niemand ist, kann man ihn dann hören?

Wir gehen also wie Fischer hin und suchen uns einen bestehenden Strom voller Fische und schmeißen dann nur unsere netze raus. Das können wir auf zwei Arten Machen!

## Die Wahrheit Vom Kostenlosen Und Bezahlten Traffic

Wie du im Kapitel über‘s veröffentlichen schon mitbekommen hast, können wir Leute kostenlos auf uns aufmerksam machen indem wir Inhalte veröffentlichen und diese in Suchmaschinen langfristig weit oben platzieren.

Es gibt aber auch bezahlte Werbung, wo wir unsere Inhalte aber auch Produkte bewerben können um

Verkäufe zu erzielen. Die größten Plattformen für deutsche Werbung sind aktuell Google und Facebook. Das coole bei der bezahlten Werbung ist, wenn wir ein bisschen Geld in die Hand nehmen, bekommen wir sofort qualifizierten Traffic und wir können schnell unsere Produkte testen.

Der größte Nachteil ist aber, dass jeder Test mit dem eigenen Geld gemacht werden muss. Deshalb empfehle ich das nicht unbedingt für den Anfänger (es sei denn du hast ein umfassendes Training dazu besucht und weißt genau was du machst!)

Viele Marketing Gurus verschweigen dir, dass du erst mit kostenlosem Traffic starten solltest, bis du gewinne von 3.500€ und mehr machst und dann mit bezahlter Werbung deine Inhalte aufs nächste level bringen solltest.

Wenn du es anders machst, kann das fatale Folgen haben, denn um ein Produkt zu verkaufen musst du nunmal erst vorstrecken. Klar bekommst du das Geld wieder reingespült, wenn du einen Verkauf machst. Die Frage ist nur, kann ein Anfänger direkt ein Verkauf erzielen oder braucht es doch vielleicht etwas Übung auf der Spielwiese?

Ich bevorzuge die Spielwiese, weil diese immer größer wird umso länger man auf ihr spielt. Bezahlte Werbung ist niemals Evergreen im Gegenzug zu veröffentlichten

Inhalten. Denn wenn du Facebook oder Google nicht mehr für Werbeanzeigen bezahlst, bekommst du auch keinen einzigen Besucher mehr. Also keine Möglichkeit für ein passives Einkommen. Trotzdem nutze ich bezahlte Werbung extrem gerne, weil man einfach super schnell und super viel Traffic in unglaublich kurzer Zeit bekommen kann.

Wenn du ein vertiefendes Training zu bezahlter Werbung kostenlos besuchen möchtest, empfehle ich dir meine Ecom Traffic Challenge, in der du lernst, wie du in 60 Tagen mit deinem Ecom Business risikofrei auf 7-stellige Jahresumsätze und mehr mit bezahlter Werbung kommen kannst. (www.ecommerceblackbook.com/boni)

## Traffic Temperatur

Jeder hat seine Probleme, jeder sucht nach lösungen oder nach Produkten. Menschen sind in vielen verschiedenen Lebenslagen. Weil jeder Mensch anders ist, muss man diese auch anders ansprechen.

Stell dir mal vor du rennst in einen Supermarkt und schreist „In meinem Buch zeige ich dir, wie du viel Traffic auf deinen Dropshipping Store bekommst und dort Produkte verkaufen kannst, so dass du 50 Sales am Tag machst!"

Ja glaubst du, du wirst nur einen einzigen Verkauf mit

deinem Buch machen? Außer Ein Paar schüttelnden Köpfen wirst du wohl kaum eine Reaktion bekommen. Das ist aber normal. Sie kennen dich nicht, wissen nicht dass sie ein Problem haben und sehen auch keine Lösung.

Wenn wir aber in einem Raum sind, in dem sich Menschen tummeln, die zu wenig Traffic haben und ich ihnen dieses Buch hier präsentiere, werde ich schnell Verkäufe bekommen, weil die Leute ein problem haben und ich dieses Löse.

Diese zwei Geschichten sind stark, wirklich sehr stark vereinfacht und genau deshalb erkläre ich dir jetzt die drei Temperaturen im Detail. Es gibt kalten, warmen und heißen Traffic.

## Kalter Traffic

Kalter Traffic hat kein Plan von nichts, weil er nur sein Problem kennt (wenn überhaupt) und gerade feststellt, dass etwas nicht stimmt oder noch nicht so ist, wie es sein könnte. Diesen Traffic in Kunden umzuwandeln ist der heilige Gral des Marketings und verdammt schwer wenn man nicht gerade dieses Buch hat oder weiß dass dieser überhaupt existiert. Wenn man es aber schafft kalten Traffic zu Kunden zu machen, hat man eine nahezu unendliche Quelle von Menschen die einen bezahlen.

Der Satz „make them have the problem“ sollte hier zum Leitbild gemacht werden. Wenn die Leute ein Problem haben, das wir lösen können ist alles gut, aber es gibt auch welche, die nicht wissen dass sie überhaupt eins haben. Wie Henry Ford mal sagte „wenn ich die Menschen fragen würde, was sie wollen, dann hätten sie nur eine schnellere Kutsche und kein Auto bekommen.“ Genau das Trifft hier zu, wenn du sie fragst, ob sie ein Problem haben oder wobei, dann wissen viele das einfach nicht. Wir müssen es ihnen einfach aufzeigen und den schmerz so groß wie möglich machen.

Kalter Traffic besteht also aus Menschen, die ein Problem haben (oder es noch nicht wissen), die dich nicht kennen und dein Produkt auch nicht.

## Warmer Traffic

Warmer Traffic sind Menschen die schon wissen dass sie ein Problem haben und aktuell nach einer Lösung suchen. Das können z.B. Menschen sein, die schon deine Inhalte konsumieren. Oder die Follower eines potenziellen Partners. Hier greift deine Dream 100 Liste die wir am Anfang erstellt haben. Menschen die aktiv nach einer Lösung suchen, findest du auch meistens in Suchmaschinen, sobald du Schlüsselwörter nutzt, die auf die Lösung eines Problems bezogen sind.

Warmer Traffic besteht aus Menschen die wissen dass

sie ein Problem haben und sie suchen aktiv nach der Lösung, kennen dich eventuell schon aber noch nicht dein Produkt.

## Heißer Traffic

Heißer Traffic ist glaube ich das einfachste. Es sind Bestandskunden und Langzeitlagerung, Follower oder Zuhörer. Deine 1000-True-Fans die dir ans Ende der Welt folgen. Der Fokus sollte sein, jeden Traffic so heiß wie möglich zu machen, so dass er am Ende genau hier ist und dich bezahlt. Nicht nur einmal, sondern immer und immer wieder. Pflege diese Beziehung, denn sie ist das wertvollste was du haben kannst im Business.

Sie kennen dich, dein Produkt und wissen dass es das richtige für dich ist.

Jetzt da du weißt, wie man mit verschiedenen Traffic Arten umgeht, solltest du auch in der Lage sein, von 0 zu 3.5k Euro im Monat zu kommen und das ganze auf ein 6-satellites Business wachsen lassen können. Also geh nochmal zum Kapitel mit der Strategie zum veröffentlichen deiner Inhalte zurück und wende das Wissen das du jetzt über Traffic hast in der Praxis an.

# Dein Weg In Die Bezahlte Werbung: Remarketing

Der einfachste Weg um mit bezahlter Werbung zu starten ist Remarketing. Das bedeutet, dass du deine bestehenden Fans, deine Email liste oder Videoaufrufe/ Blogleser etc. mit Tracking codes tracken lässt.

Du kannst dir das so vorstellen als würdest du beim Angeln Fische aus dem Teich ziehen und bei dir zuhause in ein Aquarium packen. Wir bauen uns also kleine Pools aus Leuten auf, die mit uns in Berührung kamen und zeigen ihnen später Werbung. Das heißt diese Leute kennen uns schon und sind schon warmer Traffic geworden.

Sobald du das hier liest, solltest du den Facebook Pixel und den google Remarketing Tag einfach auf deiner Website installieren. Die Jungs haben super einfache Anleitungen, die dir zeigen wie das geht.

Nun steht dir die welt der bezahlten Werbung offen. Wenn du es nicht schaffen solltest Remarketing Anzeigen profitabel zu schalten, denk nicht mal daran mit bezahlter Werbung an kalten traffic zu gehen, denn du hast scheinbar ein Conversion Problem auf deiner Landing Page oder auf deinem Produkt. Sobald du anfängst Verkäufe mit Remarketing zu machen kannst du das ganze auf‘s nächste Level bringen.

Das coole hierbei ist, dass du Remarketing Kampagnen Evergreen schalten kannst, indem du die „fische“ nur eine bestimmte zeit im Remarketing Pool lässt (oder du einfach 2 Pools machst).

Ich mache immer einen Pool in dem alle Leute reinkommen, die mit mir interagiert haben, dort bleiben diese für 540 Tage oder so. Das ist meist das maximum. Und ich mache einen weiteren indem die Leute nur 30 Tage drinne bleiben. Das sorgt dafür, dass die Leute immer frisch bleiben und nicht jeder dieselben Werbeanzeigen sehen muss.

Wenn du jetzt also kalten Traffic ansprichst, wird dieser automatisch in deine Remarketing Kampagne gelangen, die immergrün ist und du kannst dich darauf fokussieren frisches Blut in deine Business zu bekommen. Das ist der Weg zum 7-stelligen Business und höher.

# Kapitel 5 - Wie Du Unwiderstehliche Angebote Erstellst

Wenn du nur eine Sache aus diesem Buch mitnimmst, dann ist es dieses. Es ist für mich das wichtigste und verantwortlich für meinen Erfolg in allen Bereichen. Egal ob im Business (Ecommerce, Coaching oder Dienstleistung), in meinen zwischenmenschlichen Beziehungen aber auch allgemein, wenn es darum geht Leute ethisch zu beeinflussen.

Nun bist du daran, die hohe Kunst der unwiderstehlichen Angebot zu lernen und ich möchte sie dir nun beibringen.

## Was Ist Der Unterschied Zwischen Einem Produkt Und Einem Angebot?

Wusstest du, dass ein Produkt komplett langweilig ist und es unheimlich schwer ist eines zu verkaufen? Ich verkaufe niemals nur ein Produkt. Ein Produkt hat den entscheidenden Nachteil, dass es nachmachbar und im Preis unterbietbar ist. Es ist ein gefundenes Fressen für deine Konkurrenz und wenn diese dann noch bessere Qualität zu günstigeren Konditionen anbieten, bist du im Arsch!

Bei einem Angebot hast du keines dieser Probleme. Nur

du kannst ein individuelles & unwiderstehliches Angebot machen. Ein Angebot ist weder kopierter noch unterbietbar. Das hat den Grund, weil ein Angebot über Mehrwert und nicht über Preis geht. Der Mehrwert der gestiftet wird, ist das Resultat, das erreicht wird, das durch die Nutzung deines Angebots erreicht wird. Klingt jetzt sehr komplex, ist es aber nicht. Ich erkläre dir gleich, wie du das schnell umsetzen kannst, ohne Probleme. Denk hier auch an die Analyse Paralyse, denn Angebote sind top Kandidaten dafür.

## Wahrgenommener Mehrwert

Hiervon sprechen alle marketing Gurus wenn sie davon reden dass du Mehrwert liefern willst. Vielleicht hast du schonmal einen Amerikaner die phrase „deliver value" sagen hören. Was hier gemeint ist, ist nicht der Mehrwert den du an sich bietest. Dieser bleibt immer gleich und sollte sowieso schon sehr hoch sein.

Was viel wichtiger ist, dass du den Mehrwert aufs nächste Level bringst und der Schlüssel ist die Wahrnehmung. Eine Markenhandtasche und eine no Name Kopie können aus denselben Materialien gemacht und gleich verarbeitet sein. Der gefühlte Mehrwert bei der Marke ist aber höher, weil die Hersteller das verstanden haben.

Gefühlter Mehrwert hat nichts mit der Marke an sich zu

tun, sondern viel mehr mit der Darstellung des Angebots. Wenn du ein Angebot anstelle eines Produktes nutzt, hast du automatisch einen hohen wahrgenommenen Mehrwert. Ich mache dir ein simples Beispiel..

Stell dir vor du gehst in einen Laden und siehst eine Elektrische Zahnbürste im Set. Genauso wird es angepriesen. Ein einfaches Produkt. Daneben steht ein Angebot das wie folgt aussieht.

„Wenn du diese Elektrische Zahnbürste kaufst, bekommst du nicht nur diese sondern auch 3 Bonus Aufsätze geschenkt, eine gratis „7 Tage Challenge“ weißere Zähne Challenge und eine bonus Packung von unserer Zahnaufheller Zahnpasta und kostenlose Videotrainings die dir zeigen wie du ein strahlendes Lächeln wie die Promis bekommst ohne deine Zähne zu bleichen.“

Dieses Beispiel habe ich mir gerade komplett aus meinem arsch gezogen.. egal das Prinzip klappt hier trotzdem. Was nimmst du, wenn du weißere Zähne möchtest? Wo bekommst du mehr Mehrwert geboten?

Der Inhalt der Packung ist bei beiden eigentlich fast identisch. Es ist eine einfache Zahnbürste. Bürsten und saubere zähne bekommst du mit beiden. Nur ist es viel Attraktiver und unwiderstehlich, weil genau das Resultat (weisse Zähne) im unwiderstehlichen Angebot versprochen werden. Im nächsten Schritt zeige ich dir meine Geheimwaffe für die Erstellung eines unwiderstehlichen Angebots.

## 5 Hacks Für Magische Produktbeschreibungen

### #1 Fokussier Dich Auf Deinen Traumkunden

Wenn du deine Produktbeschreibungen so schreibst, dass du eine ganze Menschenmenge im Kopf hast, wird das nichts. Du musst spezifisch sein. Am besten sprichst du die Person an, so wie ich dich gerade. Stell dir einfach vor, du bist in einer Unterhaltung mit deinem Traumkunden. Nutze am Besten auch seine Ausdrücke, die er verwenden würde. Am besten nutzt du sogar den Humor, den dein Traumkunde hat. Stell dir doch einfach mal die Art von Humor vor die ein Magic The Gathering spieler hat im Vergleich zu einer Frau die Gucci Handtaschen kauft. All das geht Hand in Hand und je besser du deinen Traumkunden im Kopf hast, desto eher wirst du den Verkauf machen. Welche Fragen stellt er sich? Kannst du vielleicht sogar Kraftausdrücke verwenden um menschlicher zu wirken?

## #2 Verwende Den "Nutzen" Und Seine "Bedeutung"

Wenn du etwas online verkaufen möchtest, musst du zwingend klarstellen, was dein Kunde vom Kauf hat. Es ist nicht um dich, sondern um ihn. Jeder hört sich selbst am liebsten reden und so ists auch im Verkaufen. Wenn du massive mehr Verkäufe haben willst, fang an den nutzen deines Produktes und die Bedeutung davon in deine Texte, Sprache und Kommunikation einzubauen.

Wenn ich eine Bratpfanne verkaufe, sage ich nicht dass du damit braten kannst. Sondern mache es etwa so:

**Traumkunde:** Single Mann, der kochen lernen will

**Produkt:** Irgendeine Bratpfanne

**Eigenschaft:** Anti-Haft Beschichtung

**Nutzen:** Essen klebt nicht fest oder brennt an

**Bedeutung:** Essen ist noch schmackhafter und das Date wird gut verlaufen, denn sie glaubt dass du ein wahnsinnig guter Koch bist.

Und so könnte deine erste aufzählung all deiner

Eigenschaften aussehen:

*"Sensationelle Anti-Haft Beschichtung! Nie wieder klebt dein Essen fest oder brennt an, wenn du eine köstliche Mahlzeit für eine Dame zubereitest. Dank der Beschichtung wird dein Date gut verlaufen und sie wird glauben, dass du ein wahnsinnig guter Koch bist."*

Und genau deshalb ist es so wichtig, dass du deinen absoluten Traumkunden im Kopf hast. Eine Mutter von 3 Kindern würde diese Pfanne nicht unbedingt holen, es sei denn sie hat wirklich lust auf diese Pfanne. Aber das sind dann die Leute die man einfach mitnimmt. Das wird's immer geben. Wenn du Leute mit deinem Text ausschließt bekommst du nicht nur deinen Traumkunden, sondern auch ab und an ein paar leute die es noch werden können.

## #3 Rechtfertige Deine Superlative

*"Das beste Produkt der Welt" weil - es heilt krebs.*

Absolut illegal dieses Beispiel aber es trifft den Nagel auf den Kopf. Du bist doch vermutlich selbst schon krank von den ganzen Aussagen, die Unternehmen treffen, wenn sie ihr Produkt vorstellen. “Das beste Smartphone Display auf dem Markt” ist dir sicher bekannt oder?

Wenn du stattdessen schreibst, warum das Smartphone Display das beste ist, hast du den Vorteil, dass dir die Menschen eher glauben schenken.

Es gibt sogar eine Studie bei der man Menschen an Kassen im Supermarkt hat anstehen lassen um herauszufinden, wie man sich am ehesten vordrängeln kann.

Die Aussage “Darf ich vor” hat kaum funktioniert. Sobald aber ein Grund gegeben war, wie z.B. “darf ich vor, ich habe nur 3 Produkte” hat die Chance immens gesteigert.

Das heißt einfach für uns, dass es wichtig ist einen Grund zu geben. Welcher das ist, spielt hier gar keine Rolle.

## #4 Schreibe Als Ob Dein Kunde Das Produkt Bereits Nutzt

Das ganze nennen wir im Marketing “Future Pacing” und “Ownership Experience”. Wieder zwei anglizismen? Du musst nur wissen, dass du probieren kannst, deine Absätze mit “Stell dir vor..” zu starten und damit zu Enden, wie sich dein Kunde fühlt wenn er das Produkt nutzt.

*“Stell dir vor wie sich dein Leben ändert, wenn du in der Lage bist deine eigenen Saftkuren direkt Zuhause zuzubereiten. Wie würde es sich anfühlen, wenn du jeden morgen ohne Aufwand deinen selbstgemachtn Fruchtsaft genießen kannst?”*

### #5 Mach Deine Beschreibung Scanbar

Umso einfacher das zu lesen ist, desto besser. Hier kannst du ganz einfache Aufzählungszeichen nutzen. Hier geht es wirklich nur um das optische. Mache keine zu langen Textblöcke. Am besten nur 2 Sätze und dann einen Absatz. Hebe wichtige Worte hervor, indem du sie fett oder kursiv schreibst. Bei Überschriften kannst du auch von links orientiert auf zentriert wechseln um den lesefluss kurz zu brechen und so Aufmerksamkeit zu schaffen.

## Meine Geheimwaffe Für Viele Verkäufe: So Strukturierst Du Dein Angebot

Jetzt wenden wir mal praktisch an, was ich dir gerade erklärt habe. Ich hab diese hohe Kunst von den besten Bühnensprechern der Welt gelernt. Die Technik die ich hier mit dir teile haben sie den „Stack“ genannt, weil alle Teile deines Angebots übereinander gesteckt werden und so ein fetter Haufen von Produkt, Boni und ultimativ Mehrwert in eine Format gebracht wird, bei dem man nur

„JA! NIMM ENDLICH MEIN GELD!!!“ sagen kann.

Ich würde sagen, Dass Ich den Stack nahezu perfektioniert und komplett zweckentfremdet habe. Was eigentlich nur für die Bühne gedacht ist, habe ich schon auf Verkaufsseiten, Verkaufsvideos und sogar in meinen kostenlosen Inhalten verwendet um Leute dazu zu bringen ins tun zu bekommen. Oh man.. selbst wenn ich mit meiner Freundin ausgehen möchte und ich entscheiden will, wohin wir gehen nutze ich diese Kunst.

Bist du bereit sie zu lernen und alles an jeden zu verkaufen, der sich etwas verkaufen lässt? Der Wolf of Wallstreet nennt dies übrigens „Close anyone who‘s closable“ und bedeutet genau das. Mach den Verkaufsabschluss bei allen die abschließbar sind. Es gibt natürlich auch Leute die absolut verschlossen sind und deshalb nichts annehmen, aber auf die konzentrieren wir uns nicht.

Den Stack und das unwiderstehliche Angebot wendest du am besten immer dann an, nachdem du deine eigene Superheldengeschichte erzählt hast um maximale Resultate zu bekommen.

Als erstes brauchst du ein Hauptprodukt, das du als Zentrum von deinem Stack machst. Hierauf baut alles auf. Nehmen wir hier wieder unseren Entsafter.

*„Das heißt heute bekommst du einen Entsafter für 147€, der dir dabei hilft deine Säfte fürs Saftfasten zuzubereiten und dadurch extrem viel abzunehmen."*

Als nächstes brauchst du eine Anleitung, die dein Produkt ergänzt und zeigt, wie du damit extraordinäre Resultate bekommst. In diesem Fall eine 90 Tage Saftfasten Challenge.

*„Das heißt du bekommst heute nicht nur einen Entsafter für 147€, der dir dabei hilft deine Säfte fürs Saftfasten zuzubereiten und dadurch extrem viel abzunehmen, sondern auch die 90 Tage Saftfasten Challenge, die dir genau zeigt, wann du welchen Saft trinken musst um deine Fettverbrennung anzukurbeln und Fett zu verbrennen auch wenn du gerade schläfst."*

Wenn du jetzt Hauptprodukt und die Anleitung hast, denk mal darüber nach, was die Nutzung deines Produktes einfacher oder schneller macht. In der Regel sind hier Werkzeuge, Vorlagen oder allgemein Helferlein gut. In diesem Fall kann das ein Sparguide sein, wo die Produkte mit der besten Qualität zum geringsten Preis auffindbar sind. Ich habe keine Ahnung ob ein Preisguide hier die richtige Wahl ist bzw. Ob diese Zielgruppe wirklich genau das will, ersetze ihn einfach durch ein anderes Tool, welches den Prozess erleichtert.

*„Das heißt du bekommst heute nicht nur einen Entsafter für 147€, der dir dabei hilft deine Säfte fürs Saftfasten zuzubereiten und dadurch extrem viel abzunehmen, sondern auch die 90 Tage Saftfasten Challenge, die dir genau zeigt, wann du welchen Saft trinken musst um deine Fettverbrennung anzukurbeln und Fett zu verbrennen auch wenn du gerade schläfst. Um das noch leichter und schonender für deinen Geldbeutel zu machen, bekommst du von mir einen Guide, der dir verrät, wo und wie du die günstigsten Gemüsesorten mit bester Qualität bekommst.“*

Du kannst so viele Helferleins, Werkzeuge und Vorlagen dazupacken wie du möchtest. Je mehr desto besser. Als letztes würde ich immer noch eine Form von Community anbieten, wie z.B. Eine gemeinsame Abnehmengruppe in Facebook. Am besten dein eigenes Movement, das du dir sowieso aufbaust, wenn du deine persönliche Ecom

Brand groß machst. Jetzt fasst du dein Angebot ein letztes mal zusammen und sagst:

*„Das heißt du bekommst heute nicht nur einen Entsafter für 147€, der dir dabei hilft deine Säfte fürs Saftfasten zuzubereiten und dadurch extrem viel abzunehmen, sondern auch die 90 Tage Saftfasten Challenge, die dir genau zeigt, wann du welchen Saft trinken musst um deine Fettverbrennung anzukurbeln und Fett zu verbrennen auch wenn du gerade schläfst. Um das noch leichter und schonender für deinen Geldbeutel zu machen, bekommst du von mir einen Guide, der dir verrät, wo und wie du die günstigsten Gemüsesorten mit bester Qualität bekommst. Damit du auf dem Weg nicht alleine bist haben wir das Saftfasten Movement gegründet, mit gleichgesinnten, die dich unterstützen wenn du mal ganz unten bist und dich noch weiter nach oben pushen, wenn du sowieso schon auf dem erfolgspfad bist. Hier bekommst du auch wertvolle Tipps und Anregungen"*

Das coole am stack ist, dass du deine Aussage immer wiederholst und so brennt sich das ganze Angebot in die Köpfe deiner Kunden ein. Normalerweise rechtfertigen deine Kunden den Preis an dem letzten Feature oder

Produkt das du genannt hast und entscheiden dann ob es das wert ist. Deshalb wiederholen wir immer unser ganzes Angebot. Auch wenn es sich am Anfang dumm anfühlt, wenn du z.B. Ein verkaufsvideo machst und du am Ende den Stack machst und dich immer und immer wiederholst.. mach es einfach, dein Geldbeutel wird es dir danken und irgendwann macht es richtig Spaß.

Auf einer Verkaufsseite oder im Verkaufsvideo kannst du den Stack so grafisch darstellen:

Hauptprodukt (Wert 299€)

Anleitung / Training (Wert 329€)

Werkzeuge (Wert 439€)

Community (UNBEZAHLBAR)

Die ganz harten hauen jetzt noch einen Bonus für die ersten Käufer rein, die sich für das Angebot entscheiden. Völlig egal was es ist, es ist nur 48 Stunden und für die ersten 25 Leute verfügbar. Damit bringst du deine Besucher ins handeln und machst sie endgültig zu Kunden!

Lies an dieser Stelle nochmal das Kapitel **["#2 Verwende**

**Den "Nutzen" Und Seine "Bedeutung"]** damit du wundervolle Aufzählungssätze für deine Produktbeschreibung entwickeln kannst. Wenn du eins aus diesem Buch mitnimmst, dann dieses ganze Kapitel. Es wird dir helfen deine ersten Verkäufe zu machen und wenn du bereits Umsätze machst, wirst du diese mit Leichtigkeit steigern.

# Zum Abschluss

Der Prozess, den du in diesem Buch gelernt hast, wird dir sehr dabei helfen, dein Ecom Business aufzubauen und es auf ein nächstes Level zu bringen. Ich weiß ganz genau, wie man sich fühlt wenn man so dicke Bücher liest, deshalb habe ich in dieses bewusst nur das gepackt das du wirklich brauchst und dir Resultate bringt. Die Geständnisse, die ich dir gemacht habe, sind meine eigenen Erfahrungen in chronologischer Reihenfolge. Wenn du bis hierhin gelesen hast, möchte ich sie dir nochmal kurz in dein Hirn zementieren, damit du bestens für die echte Welt vorbereitet bist.

Das wichtigste, an dem du arbeiten kannst, bist du selber. Ich hoffe das ist dir durch dieses Buch klar geworden. Deshalb habe ich im ersten Teil auch so viel wert darauf gelegt, dass du alles ablegen kannst, das dich vom Erfolg zurückhalten kann. Deine persönliche Entwicklung solltest du täglich verfolgen und immer wieder zu diesem Buch zurückkehren, wenn du an einem der Mindsets arbeiten willst, damit du weiter aufsteigen kannst.

Wenn du das gelöst hast, kannst du auch schon anfangen an deiner Powernische zu feilen, denn diese gibt dir deinen eigenen Platz im Ökosystem. Dadurch bist du in der Lage, deine Konkurrenz zu möglichen Partnern zu machen.. das macht spaß!

Deine Publishing Plattform musst du natürlich auch auswählen und dann einfach konstant dranbleiben. Denk immer daran, dass aller Anfang schwer sein kann, dafür aber die Belohnung langfristig riesig sein wird. Fang mit einer Plattform an, die am besten zu dir passt und erweitere dann. Werde der beste in deinem Markt und ein wahrer Experte.

Das hilft dir natürlich auch gleichzeitig deine eigene Marke aufzubauen bzw. den Grundstein zu legen. Was unterscheidet dich von den anderen? Welcher charakter wirst du sein und was ist deine Superhelden Geschichte, mit der du die falschen Glaubenssätze deiner Kunden brichst um sie zu superfans zu machen, die dir ans Ende der Welt folgen?

Wenn du gerade startest, ist das der einfachste Weg um dir deine 1000 True Fans aufzubauen. Sobald du das getan hast, kannst du natürlich auch bezahlte Werbung machen um noch schneller zu wachsen. Das ist auch übrigens ein Grund, wieso du dein Ecommerce Business schon für unter 100€ starten kannst und du nicht unbedingt tausende von Euros brauchst.

Verkaufe niemals einfach nur ein Produkt, sondern mach deinen Fans Angebote, die sie nicht nur in den Bann ziehen, sondern auch das Geld aus ihrer Tasche (ethisch korrekt natürlich). Der **Mehrwert** den du lieferst, ist der absolute schlüssel zu allem und sollte an jedem Schritt klar im Fokus liegen.

## Was Sollte Ich Tun Um Mich Zu Fokussieren?

Wenn du aktuell probleme hast und einfach nicht weißt, wo du anfangen sollst, weil dich an diesem Punkt z.B. die Analyse Paralyse gepackt hat, dann kannst du dich einfach Fragen:

“Was ist die eine Sache, die mir aktuell am meisten bringt, dass wenn ich sie tue, alles andere entweder leichter oder unnötig macht.”

Diese Frage habe ich von Gary Keller aus seinem Buch The One Thing. Ich stelle sie mir mindestens einmal täglich um wieder absolut klar zu werden, was als nächstes ansteht. Ohne sie wäre ich verloren im Sumpf meiner To-Do Liste, die ich übrigens nicht mehr führe, weil ich die Fokusfrage nutze.

Egal ob du gerade anfängst in deinem Business oder schon einen Schritt weiter bist und dich durch die ersten 3 Schritte dieses Buches gearbeitet hast, wende diese Frage an um die wichtigste Sache zu identifizieren, die dich einen Schritt weiter bringt.

# Tu Das Als Nächstes..

Jetzt da du eine genaue Schritt-Für-Schritt Anleitung durch meine Geständnisse bekommen hast, geh raus und setz das was du hier gelernt hast um. Dieses hochwertige Buch bringt dir rein gar nichts, wenn du es nicht anwendest. Es ist fast so als wärst du ein Jedi Ritter mit der Macht das Universum zu retten aber wenn du dich in einer Höhle versteckst, kannst du das nicht tun.

Meine Empfehlung ist also: Fang sofort an, egal wo du gerade stehst oder was du gerade tust. Egal wie dein Leben gerade aussieht. Fang einfach an. Am besten schon gestern!

Stare bei den Mindsets um das Fundament für deinen Erfolg zu legen und arbeite dich Stück um Stück durch dieses Buch, falls du es noch nicht getan hast. Ich habe es extra so aufgebaut, dass du einfach von vorne bis hinten den Prozess durchlaufen kannst und dabei auf dem Weg schon Resultate erhalten kannst. Es ist keine Frage mehr ob es funktioniert, sondern wann es funktioniert.

Ich weiß aber auch, dass ein Buch alleine dir nicht sofort einen Millionen Umsatz in deinem Business bringen wird oder dafür sorgt, dass du täglich tausende Besucher auf deinen Online Shop bringen wirst.

Aus diesem Grund gebe ich dir auf meiner Website www.ecommerceblackbook.com/boni die Möglichkeit, meiner Mastermind Coaching Gruppe „Evolve“ durch eine Bewerbung beizutreten. Hier Sind Nur Unternehmer, die schon mindestens 5-10k Euro im Monat als Umsatz haben, deshalb kann ich nicht jeden in diese Gruppe lassen um die Qualität hochzuhalten. Ein blutiger Anfänger könnte kaum Mehrwert bieten. Aber wenn du selbst schon Ein Paar Erfolge hattest und vielleicht schon 3k im Monat oder mehr machst, kannst du mal probieren dich zu bewerben und wir schauen ob du zu uns passt. Es würde mich auf jeden Fall freuen, dich dabei zu haben.

## Jetzt Bist Du An Der Reihe Geschichte Zu Schreiben!

Wenn du bis hierhin gelesen hast, sagt mir das auf jeden fall, dass du es ernst meinst und du in deinem Business genauso erfolg haben wirst. Warum? Weil du jemand bist, der Dinge zu Ende bringt. Das ist entscheidend in allen Lebensbereichen.

Du hast jetzt alles, was es braucht um selbst ein Ecommerce Mogul zu werden. Ich freu mich schon von deiner Erfolgsgeschichte zu hören. Viele sagen immer, dass sie etwas tun um im Leben voran zu kommen, mehr

Geld zu verdienen, sich besser zu ernähren oder die Frau in der Bar anzusprechen, die sie jeden Abend angaffen.. aber nur wenige tun es. Du bist einer von denen die Action Taker sind und das ist etwas ganz besonderes.

Auch wenn es mal schwierig wird, halte durch und lies dieses Buch noch einmal, denn du wirst sicher stellen finden, an denen du arbeiten kannst um dich weiter zu verbessern. Das wird dich in ungeahnte ebenen katapultieren, die du dir jetzt noch nicht einmal vorstellen kannst… ich konnte es zumindest nicht.

Denk immer dran: Uns gehört die Welt, weil wir Action Taker sind!

Bevor ich's vergesse.. da du dieses Buch zu Ende gelesen hast, qualifizierst du dich für diverse kostenlose Bonus Trainings, die du dir hier sichern kannst: www.ecommerceblackbook.com/boni

# Über Den Autor

Mein Name ist Samuel Peiffer. Es gab eine Zeit, da habe ich auf dem Sofa des Großvaters meiner Freundin (mittlerweile Frau), mit weniger als 30€ auf dem Bankkonto geschlafen. Dies änderte sich als ich mich entschied mein Ecom Business zu starten.

In einigen wirklich harten Jahren, habe ich mehrere "ultra-profitable" Businesses von Grund auf hochgezogen und kugelsichere Strategien entwickelt, die meinen Erfolg duplizierbar gemacht haben.

Mittlerweile teile ich mein Wissen mit Anderen Menschen, weil ich genau weiß, wie es ist, wenn man große Träume hat aber Alle einem sagen, dass man es sowieso nicht schaffen kann und die Umstände gegen einen sprechen. Außerdem macht es mit richtig viel Spaß mit erfolgreichen Menschen meine Zeit zu verbringen und Unternehmern zu helfen von 5-stelligen Umsätzen  über die 100k Marke zu kommen.

Wenn du, genau wie ich, auch ein "Ecommerce Mogul" werden willst, um dein Leben selbst in die Hand zu nehmen, besuch doch einen meiner kostenlosen online Workshops.

# Boni Und Links Aus Dem Buch

Buch Boni & Trainings

www.ecommerceblackbook.com/boni

Kostenlose Inhalte, Kurse & Coaching

www.sampeiffer.com

Kostenloses Online Training

www.sampeiffer.com/ebb

Du möchtest mit mir persönlich dein Business Starten? Bewirb dich hier:

www.sampeiffer.com/dropshipping-potenzial-analyse

Printed in Poland
by Amazon Fulfillment
Poland Sp. z o.o., Wrocław

75940677R00089